CONTRIBUIÇÕES DA PSICOLOGIA SOCIAL PARA O ENTENDIMENTO DO RACISMO NO BRASIL

Blucher

CONTRIBUIÇÕES DA PSICOLOGIA SOCIAL PARA O ENTENDIMENTO DO RACISMO NO BRASIL

Marcus Eugênio Oliveira Lima

Contribuições da psicologia social para o entendimento do racismo no Brasil

Editora Edgard Blücher Ltda.

Publisher Edgard Blücher
Editor Eduardo Blücher
Coordenador editorial Rafael Fulanetti
Coordenação de produção Andressa Lira
Produção editorial Alessandra de Proença
Preparação de texto Flavio Costa
Diagramação Iris Gonçalves
Revisão de texto Raquel Lima Catalani
Capa Leandro Cunha
Imagem da capa iStockphoto

Blucher

Rua Pedroso Alvarenga, 1245, 4º andar
04531-934 – São Paulo – SP – Brasil
Tel.: 55 11 3078-5366
contato@blucher.com.br
www.blucher.com.br

Segundo o Novo Acordo Ortográfico, conforme 6. ed. do *Vocabulário Ortográfico da Língua Portuguesa*, Academia Brasileira de Letras, julho de 2021.

Dados Internacionais de Catalogação
na Publicação (CIP)
Angélica Ilacqua CRB-8/7057

Lima, Marcus Eugênio Oliveira

Contribuições da psicologia social para o entendimento do racismo no Brasil / Marcus Eugênio Oliveira Lima. – São Paulo : Blucher, 2024.

198 p.

Bibliografia
ISBN 978-85-212-2019-0

1. Psicologia social 2. Racismo I. Título.

24-0273 CDD 301.15

Índice para catálogo sistemático:
1. Psicologia social

Conteúdo

Prefácio

Após o horror da Segunda Guerra Mundial, do nazismo e da destruição provocada pela ideia de raça e de hierarquia racial, a Unesco desenvolveu um programa de ação contra o racismo que esteve na origem da deslegitimação do conceito de raça e das hierarquias raciais. Este programa produziu uma Declaração sobre a Raça na qual se assinala: "A humanidade não se esquecerá facilmente das injustiças e dos crimes que dão um sentido trágico à palavra 'raça'"; e ainda: "Para todos os propósitos sociais práticos, 'raça' não é tanto um fenômeno biológico quanto um mito social. O mito 'raça' criou uma enorme quantidade de danos humanos e sociais" (proposição 14 da Declaração da Unesco). Ao mesmo tempo, o documento deixava claro que não havia evidência científica para associação entre traços físicos e qualidades morais, características psicológicas ou comportamentos sociais, associação essa que é nuclear na ideologia racista. Deve-se realçar ainda a seguinte proposição incluída no texto da Unesco: "Algumas diferenças biológicas entre os seres humanos dentro de uma raça podem ser tão grandes, ou talvez maiores, do que as mesmas diferenças biológicas entre raças" (proposição 7c, 2ª versão do texto da Unesco de 1950). Esta evidência só viria, porém, a receber apoio científico definitivo na década de 1970, quando é demonstrado que a variabilidade genética da espécie humana se deve mais a diferenças entre indivíduos do que a diferenças entre grupos de indivíduos – que correspondem às supostas "raças" (Lewontin, 1972).

Este programa da Unesco produziu ainda uma série de publicações que convocavam estudos e reflexões dos mais eminentes cientistas da época, com a finalidade de promover a investigação e o debate sobre o racismo. Para além de reconhecer o racismo como um fenômeno destruidor, a Unesco promoveu uma reflexão crítica sobre suas causas.

Importante, no contexto da obra que estamos a prefaciar, é o fato de o Programa da Unesco anteriormente referido ter incluído também uma linha de ação que consistia na investigação original orientada para o conhecimento dos fatores que poderiam reduzir o racismo e os seus impactos e promover relações harmoniosas entre grupos humanos percebidos como racialmente diferentes. No quadro dos objetivos deste projeto, a Unesco considerou que o estudo sobre as chamadas relações inter-raciais no Brasil, percepcionadas como harmoniosas, era uma escolha óbvia. A este pressuposto e a esta escolha não será estranho o impacto que a obra de Gilberto Freyre (1933/2001) teve, na altura, em muitos países europeus e nos Estados Unidos. Como é amplamente sabido, essa obra difundiu a ideia da existência de uma "harmonia racial" e de uma "democracia racial" no Brasil. Para os peritos da Unesco, seria, então, necessário conhecer que condições sociais haviam produzido esse clima racial harmonioso, no qual o "problema do negro" não existia. Era esse o objetivo dos estudos que a Unesco viria a promover no Brasil.

Os resultados das pesquisas desenvolvidas no quadro desse programa da Unesco não foram, porém, consensuais. De modo simplificado, pode-se dizer que se criou uma divisão entre teses que mantinham o pressuposto de partida (a democracia racial brasileira) e teses que apresentavam dados sistematizados sobre a não existência da democracia racial, ou melhor, que evidenciavam a expressão de preconceito, racismo e discriminação racial no Brasil. É neste quadrante que sobressaem investigadores associados à colaboração de Florestan Fernandes.[1]

A controvérsia gerada na comunidade acadêmica por essas divergências refletia a polêmica social em torno do problema, agora reforçada com novas dimensões ideológicas, de tal forma que, apenas nos anos 1990, a existência de racismo no Brasil viria a ser oficialmente reconhecida. Muito importante

---

1 Para um conhecimento aprofundado desta questão, ver: Maio (1999); Lima (2002).

considerar também que os acontecimentos dos últimos anos na sociedade brasileira vieram mostrar como, no conjunto dessa sociedade e das suas instituições, a representação social do racismo permanece como uma representação polêmica que mobiliza movimentos sociais contrários e, sublinhe-se, silêncios, inclusive na comunidade acadêmica.

É nesse contexto que a presente obra do professor Marcus Eugênio Oliveira Lima assume relevância social notável e constitui um convite, um estímulo e um contributo excepcionais para o desenvolvimento da investigação sobre o racismo no meio universitário brasileiro das ciências sociais, em geral, e da psicologia social, em particular. A obra propõe uma agenda contra o silêncio e mostra a diversidade de caminhos que a investigação neste domínio pode percorrer. Trata-se de um trabalho que expressa uma reflexão madura e inovadora, só possível porque o seu autor tem uma experiência acadêmica muito rica, alicerçada em investigação reconhecida e impactante.

Mais especificamente, Marcus Lima propõe-nos uma visão para novas análises das expressões diversificadas do racismo e da discriminação racial na sociedade brasileira e dos mecanismos que subjazem à sua negação e à sua aceitação, nomeadamente aqueles que decorrem do funcionamento psicológico dos indivíduos e dos grupos e da articulação entre esses funcionamentos e as dinâmicas das estruturas sociais.

Li este livro com bastante entusiasmo, até porque a comparação com a realidade portuguesa e europeia era inevitável e, ao mesmo tempo, um exercício estimulante. Gostaria de sublinhar alguns aspectos que me tocaram, ora pela clareza e rigor da exposição, ora pela inovação, ora pelos desafios que colocam.

Em primeiro lugar, refiro a estratégia heurística que o autor construiu para apresentar as grandes teorias clássicas de "médio alcance" produzidas no interior da psicologia social e que têm sustentado, ao longo dos últimos 70 anos, a investigação sobre o racismo nos países europeus, nos Estados Unidos, na Austrália, no Canadá etc. A estratégia a que me refiro consistiu no recurso ao modelo de níveis de análise em psicologia social proposto por Willem Doise (1982). É muito comum o recurso a este modelo por parte dos investigadores em psicologia social. Contudo, Marcus Lima apresenta-nos uma proposta original: a tipificação no quadro do modelo dos níveis de análise das teorias clássicas em psicologia social sobre preconceito e preconceito racial ou ainda sobre o racismo. Estamos perante um exercício difícil, mas conduzido com muita segurança e concluído com excelentes resultados. Do ponto de vista da reflexão na qual o autor quer envolver os leitores, estudantes universitários, docentes e investigadores, a estratégia usada é desafiante e permite realizar com clareza uma viagem ao interior de teorias nucleares no estudo do preconceito e do racismo. Marcus Lima é muito preciso na apresentação dessas teorias e a exigência de síntese não impediu que os fatores mais significativos de cada uma das teorias fossem apresentados.

Refira-se a que as teorias convocadas neste exercício nasceram elas próprias em momentos específicos da história da psicologia social, refletindo preocupações teóricas então emergentes e perguntas pertinentes em diferentes contextos em que o racismo se expressava. Importa sublinhar que se trata de teorias de médio alcance, testáveis e orientadas por questões pertinentes. Enquanto teorias, ainda que de médio alcance, colocam-se a um nível de abstração suficientemente elevado para poderem ser utilizadas como fontes de questionamento e de clarificação das raízes do fenômeno, ainda que fora do tempo ou do espaço em que ocorreu a produção dessas mesmas teorias. Na sua diversidade, as teorias referidas remetem para pelo menos uma das motivações básicas que importam a todos os humanos – pertença, inteligibilidade partilhada do mundo, sentido de controle, reconhecimento social, confiança (Fiske, 2003) –, e por isso podem ser transversais a contextos sociais diferenciados.

O segundo ponto que gostaria de sublinhar refere-se ao balanço que é feito nesta obra do reduzido uso das teorias clássicas da psicologia social nas pesquisas sobre preconceito ou racismo no Brasil, ou, de forma mais abrangente, ao pouco relevo do preconceito e do racismo na psicologia que se faz no Brasil, salvaguardando exceções relevantes, como os estudos produzidos no âmbito do Grupo de Pesquisa em Comportamento Político (GPCP) da Universidade Federal da Paraíba, coordenado pelo Professor Leoncio Camino e colaboradores (Camino et al., 2001).

O balanço a que procedeu Marcus Lima, baseado num amplo *corpus* de produção científica, deve merecer reflexão no presente e constituirá, sem dúvida, um ponto de referência para balanços futuros. Para além de oferecer um retrato esquemático das teorias e dos respetivos níveis de análise, Marcus

Lima opta por uma ótica de estímulo à pesquisa teoricamente orientada, pois, no final da apresentação de cada um dos níveis de análise, propõe uma síntese a que chamou de "encaixes e desencaixes" das teorias revisitadas no que se refere ao seu contributo potencial para a compreensão do racismo no Brasil. Trata-se, assim, de uma agenda de pesquisa com hipóteses testáveis que é oferecida ao leitor. Marcus Lima não se limitou a examinar "em que medida a psicologia social nacional se engajou na apropriação, na crítica, desconstrução e/ou na transformação de algumas das principais teorias dos conflitos e do racismo produzidas na Europa e Estados Unidos". O autor vai além desse exame descritivo para propor uma agenda de pesquisa possível. Se tal agenda tivesse sido seguida, ainda que parcialmente, conheceríamos hoje mais sobre o racismo no Brasil, com vantagens para o estudo do racismo noutros contextos nacionais.

Uma nota ainda sobre as reflexões relativas aos fatores que podem explicar o reduzido recurso às teorias clássicas da psicologia social no estudo do racismo no Brasil e na construção de uma agenda de mudança social. Neste tipo de debate, é lugar comum ouvir o argumento do particularismo das realidades nacionais ou locais que tornaria inútil o recurso, ainda que crítico, a teorias e hipóteses produzidas noutros contextos sociais. Trata-se de uma falácia, como o mostra a história das ciências sociais e especificamente da psicologia social do racismo. As teorias migram e é no processo de migração que se vão enriquecendo e, ao mesmo tempo, contribuindo para melhores explicações sobre a relação entre pessoas e sociedades.

Jorge Vala

Lisboa, maio de 2023.

Referências

Lewontin R. (1972). The Apportionment of Human Diversity. In T. Dobzhansky et al. (Ed.), *Evolutionary biology*. Springer.

Maio, M.C. (1999). O Projeto Unesco e a Agenda das ciências sociais no Brasil dos anos 40 e 50. *Revista Brasileira de Ciências Sociais, 14* (41).

Fiske, S. T. (2003). Five core social motives, plus or minus five. In S. J. Spencer, S. Fein, M. P. Zanna, & J. M. Olson (Eds.), *Motivated social perception: The Ontario symposium*, Vol. 9 (pp. 233–246). Lawrence Erlbaum Associates Publishers.

Doise, W. (1982). *L'Explication en psychologie sociale*. PUF.

Camino, L., Silva, P. da, Machado, A., & Pereira, C. R. (2001) A face oculta do racismo no Brasil: Uma análise psicossociológica, *Revista Psicologia Política, 1*, 13-36.

Lima, M. E.O. (2002). Racismo, Branqueamento e Democracia Racial no Brasil. In *Normas Sociais e Racismo: Efeitos do Individualismo Meritocrático e do Igualitarismo na Infra-Humanização dos Negros*, [Tese de Doutorado, Universidade de Lisboa].

Introdução

Em 1998, comecei a pesquisar o tema do racismo no Brasil durante meu doutorado com o professor Jorge Vala, em Portugal. A pesquisa tratava da relação entre o racismo e as normas sociais da competição e da igualdade. Na mesma época, o professor Leoncio Camino pesquisava o fenômeno no Brasil, articulando diversos níveis de análise. Em 2003, defendi a tese. Depois de um estágio pós-doutoral na Universidade Federal da Bahia, com o professor Marcos Emanoel Pereira, ingressei como docente de psicologia experimental da Universidade Federal de Sergipe, em 2004. Neste mesmo ano, criei o grupo de pesquisa Normas Sociais, Estereótipos, Preconceitos e Relações Racializadas (NSEPR) no Diretório do CNPq. Até 2006, havia no Brasil apenas oito grupos pesquisando racismo, o NSEPR era o único na psicologia. Naquela época, não tínhamos ainda passado pelas manifestações de rua de 2013 e, muito menos, pela polarização da sociedade, que ocorreu, principalmente, a partir de 2018, com a eleição presidencial. O racismo, não obstante estruturante do sistema de distribuição de recursos materiais e simbólicos no Brasil (Hasenbalg, 1985), tinha pouca ou nenhuma visibilidade na mídia e nas discussões cotidianas. Cabe referir que, apenas na década de 1990, o Governo Federal admitiu, de forma oficial, a existência de racismo no país (Telles, 2004). Naquele contexto, começava-se a criar cotas de acesso nas universidades públicas para estudantes negros; além disso, surgiam, e rapidamente proliferavam, as primeiras redes sociais no Brasil.

Em 2023, dezenove anos depois da criação do NSEPR, o racismo se tornou mais explícito e mais confesso. As redes sociais, que governam a opinião pública, tornaram-se "caixas de ressonância" tanto dele, quanto do seu antípoda, o antirracismo. Os pesquisadores e, principalmente, os debatedores do racismo se tornaram mais visíveis. Entramos na era dos "cancelamentos sociais" e dos "lugares de fala". Em tal contexto, torna-se fundamental explicar de onde falamos neste livro que trata de racismo no Brasil.

A primeira informação é que não sou negro, nem indígena, nem cigano, nem asiático, nem muçulmano, nem judeu. Fui vítima de preconceito étnico uma ou duas vezes, no exterior, por ser brasileiro. Outra vez, de forma muito indireta, por uma professora que coordenava o encontro da Associação Brasileira de Psicologia Social (Abrapso), em 2003, por ser nordestino. Nada, no entanto, digno do peso para tornar-me uma vítima pessoal do racismo e assim me garantir um "lugar de fala" no fenômeno. Portanto, falando sobre racismo, corro risco igual ao da antropóloga Lilia Schwarcz de sofrer um linchamento nas redes sociais, ainda que, por não as frequentar e por não ter a importância científica da autora, fosse "morrer" por poucos e sem saber que morria.

A noção de "lugar de fala" é polissêmica, e afirmações como as da própria Djamila Ribeiro (2017), de que só compreende o que é racismo quem sofre com ele, precisam ser contextualizadas e relativizadas para evitar que se confunda a representatividade e o empoderamento dos silenciados com a redução de fenômenos sociais sistêmicos, como o racismo, a vivências individuais de sofrimento. A própria Djamila assume essa posição quando afirma que os que ocupam posições privilegiadas podem e devem analisar o racismo, refletindo de forma crítica a partir do local social que ocupam na estrutura de poder:

> *Um dos equívocos mais recorrentes que vemos acontecer é a confusão entre lugar de fala e representatividade. Uma travesti negra pode não se sentir representada por um homem branco cis, mas esse homem branco cis pode teorizar sobre a realidade das pessoas trans e travestis a partir do lugar que ele ocupa. (Ribeiro, 2017, p. 47)*

Por isso, "falarei" do lugar de um cidadão brasileiro, simultaneamente indignado e beneficiado pelo racismo. Irei ocupar, principalmente, o lugar de pesquisador para analisar, a partir da minha área de formação, a psicologia social, as contribuições, limitações e potencialidades que as principais teorias produzidas pela área podem trazer à compreensão e ao combate do racismo no Brasil. Além disso, como refere Jessé Souza, em uma análise crítica das lógicas do "lugar de fala", existe um certo jogo de "prestidigitação" que trabalha a favor da manutenção da opressão da maioria dos negros. Segundo o autor:

> *O novo capitalismo financeiro, que tudo privatiza, privatiza também a política e o próprio discurso da emancipação ao cooptar e comprar as lideranças mais talentosas dos grupos sociais oprimidos. Alguns podem dizer: "isso é bom, afinal. Ao menos se consegue um espaço de mercado para pessoas que antes não tinham nenhum por efeito do preconceito." O problema é que essa inclusão seletiva do 1% mais apto se dá ao custo da crescente invisibilidade dos 99% que continuam sem chance e, agora, sem voz. (Souza, 2021, p. 37)*

Sabemos que existem muitas "versões" de psicologia social. No Brasil, predomina a da Associação Brasileira de Psicologia Social (Abrapso), sendo mais hegemônicas as abordagens sócio-histórica e da psicologia social crítica. Falaremos do lugar de outra psicologia social, referida pelo professor Celso Sá (2013) como aquela que não se faz sem psicologia, mas que também não se faz só com psicologia. Ou ainda, em termos mais formais, uma disciplina que estuda de modo sistemático as interações humanas e os seus fundamentos psicológicos, incluindo, de forma indissociável, três componentes: desenvolvimento de uma teoria, suporte empírico da teoria e encorajamento para a ação (Gergen, 1978). Nesse sentido, adotaremos, na apresentação das teorias ou explicações psicossociais do racismo, a necessária estratégia de interconexão de diferentes níveis de análise, como proposta por Doise (1980), considerando desde as explicações mais individuais até as mais ideológicas e políticas.

A proposta do livro é desafiadora: testar, como em um balão de ensaio da vida real, o poder explicativo que teorias clássicas e modernas da psicologia social, formuladas desde os anos de 1930, têm para o entendimento do racismo no Brasil. O desafio se torna ainda maior porque, até onde vai nosso conhecimento, essa tarefa ainda não foi tentada. Trata-se de algo importante, uma vez que ouvimos sempre iniciantes e até iniciados no tema do racismo declararem, peremptoriamente, que teorizações importadas não explicam o fenômeno no Brasil, apenas ilustram nossa colonização intelectual, ou, no outro extremo, assiste-se ao empréstimo de teorias e modelos analíticos sem a necessária contextualização à nossa realidade. As duas posturas, seja por excesso, seja por falta de senso crítico, acabam por não contribuir para a evolução de linhas de investigação na psicologia social do racismo no Brasil. Esperamos, assim, descortinar possibilidades de análise e estimular novos autores da psicologia social no interesse pelo tema.

A estrutura argumentativa proposta para o livro se inspira em um artigo clássico intitulado "Levels of explanation in the European Journal of Social Psichology", publicado por Willem Doise, no *European Journal of Social Psychology*, em 1980. Doise articula diferentes planos analíticos na explicação dos fenômenos psicológicos. A intenção é, nas palavras dele:

> *[...] articular explicações de ordem individual com explicações de ordem societal; de mostrar como o indivíduo dispõe de processos que lhe permitem funcionar em sociedade e, de maneira complementar, como dinâmicas sociais, particularmente interacionais, posicionais ou de valores e de crenças gerais, orientam o funcionamento desses processos. (Doise, 1980, p. 28)*

Nas análises que propomos do racismo, serão, portanto, consideradas as teorias/explicações que enfatizam os aspectos mais intraindividuais do fenômeno, as que se situam em um plano interindividual e situacional, as posicionais que centram suas análises no status ou prestígio dos atores na estrutura social e, finalmente, as que priorizam os sistemas de crenças, representações e normas sociais, situando-se em um plano mais ideológico.

O livro está organizado, portanto, em quatro capítulos, estruturados em termos do nível de explicação predominantemente adotado, cada um dos quais analisa como, com que intensidade e com quais resultados, teorias clássicas e modernas da psicologia social, gerais sobre conflito, ou específicas sobre racismo, foram usadas pela psicologia nacional para análise do fenômeno. Também se discute os potenciais e as limitações de uso de tais teorias, considerando as especificidades do contexto de relações racializadas do Brasil. Os critérios de escolha das teorias serão destacados mais à frente.

Como nos lembra Doise (1980), propor e discutir esses níveis de análise não implica, por um lado, que existem quatro tipos de psicologia social ou, por outro, que os fenômenos pesquisados pertençam a um nível/plano específico. Trata-se muito mais de um desafio de integração ou de articulação multinível para analisar os fenômenos (Camino, 2020). Quando a articulação entre diversos planos analíticos é alcançada, é que podemos dizer que se trata de uma análise psicossocial. Doise (1980) ilustra essa situação citando a análise sobre a Teoria da Dissonância Cognitiva de Leon Festinger (1957). A dissonância surgiria, simultânea e inextricavelmente, de uma conjunção entre características individuais, situacionais e das ideologias que circulam em uma sociedade:

> *Mas os experimentos em questão também minam a hipótese fundamental da teoria de Festinger, ou seja, da existência de uma necessidade individual de consistência cognitiva. Quando se confrontam os resultados de situações "com escolha" com os de "sem escolha", somos levados a rejeitar a ideia de que a dissonância cognitiva constituiria um estado de motivação interna no sujeito, resultante do grau de consistência psicológica ou lógica entre suas atitudes e sua conduta. (Doise, 1980, p. 229).*

Antes de iniciar a tarefa, é importante referir que foi necessário classificar as teorias em "clássicas" e enquadrá-las em níveis. Essa tarefa de classificação está carregada de controvérsias e, certamente, eivada de erros ou imprecisões. Entretanto, assim como Doise, nossa preocupação central não é a de saber se a teoria foi classificada corretamente em um nível predominante de análise, pois: "obviamente, uma certa arbitrariedade é assim introduzida na classificação, mas é de pouca importância para a escolha da teoria e para a relação de níveis, que é o objetivo principal do estudo" (Doise, 1980, p. 217).

Uma primeira tarefa necessária para a análise proposta é a de definir racismo. Para tanto, apresentamos uma discussão conceitual do racismo na psicologia social para, depois, explicitarmos e justificarmos a escolha das principais teorias psicossociais sobre o tema, organizadas por níveis de análise; também discutimos sobre seu poder explicativo do racismo no Brasil, ou seus encaixes e desencaixes, destacando suas contribuições e potencialidades de leitura do fenômeno e suas limitações. Por fim, traçamos um breve cenário sobre a pesquisa acerca dos estereótipos, do preconceito e do racismo no Brasil, a partir das publicações de artigos sobre esses temas nas principais revistas nacionais.

O que é o racismo?

Lima (2020) faz referência à dificuldade de definição de um fenômeno que, por ser dinâmico e persistente, apresenta-se tal qual um vírus mutante (Dovidio & Gaertner, 1998; Lima & Vala, 2004a; Vala & Pereira, 2012). Podem ser propostas duas formas gerais de conceber o racismo na psicologia social. A primeira enfatiza o sufixo "ismo" e situa o racismo como atributo da pessoa racista. A segunda destaca a ação ou prática racista, situando o racismo no campo das suas consequências culturais e estruturais (Hoyt Jr., 2012). Na psicologia social mais tradicional, predomina a primeira concepção de racismo, sendo o fenômeno assimilado ao preconceito racial e entendido como uma atitude (Brown, 1995). Nas ciências sociais, de forma também geral, predomina a segunda noção, que integra racismo a poder, ou seja, a sistemas de desigualdades, opressão e legitimações. Em uma perspectiva de articulação de níveis de análise dos fenômenos, adotaremos neste livro a concepção de racismo proposta por Hoyt Jr. (2012), entendendo-o como um mecanismo que põe o preconceito em ação pelo poder, em uma lógica do tipo "P + P" (racismo = Preconceito + Poder). De forma sintética, o racismo resulta da confluência entre desequilíbrios de poder e preconceito racial (Operario & Fiske, 1998).

Teorias psicossociais: planos de manifestação e níveis de análise do racismo

O racismo possui, pelo menos, três planos de produção/manifestação: individual, cultural e institucional. No nível de manifestação individual, o racismo se conecta ao que a literatura psicossocial chama de preconceito racial; nele expressam-se crenças (estereótipos), aversão, raiva, antipatia, medo etc. (emoções) e preterições das pessoas pertencentes a grupos racializados nas escolhas pessoais de cada indivíduo racista (disposições/comportamentos). É nesse plano que se situa a maior parte das pesquisas da psicologia social e é também nele que se encontram as maiores variações de intensidade do racismo. O plano cultural do racismo se refere à sua produção e propagação pelas instâncias de socialização, a exemplo da família, da escola, da Igreja, da mídia etc. Esse plano é responsável pela continuidade intergeracional do racismo (Bowser, 2017). Trata-se de como a sociedade constrói e transmite crenças, valores, normas ou modelos de pessoa que inferiorizam, invisibilizam e/ou excluem os grupos definidos em termos raciais. Tal "raiz cultural" do racismo determina atitudes e comportamentos individuais (Diene, 2005). O nível institucional de produção e reprodução do racismo é definido como sistemas, forças sociais, instituições, ideologias e processos, que interagem uns com os outros para gerar e reforçar desigualdades entre grupos raciais e étnicos, a exemplo de desigualdades de renda, de moradia, de tratamento por parte das instituições, de acesso à saúde, à educação, dentre outras (Gee & Ford, 2011). Esse nível está estritamente conectado ao nível cultural, ao qual empresta legitimidade e materialidade, e ao nível individual, ao qual se liga pela criação de recompensas e punições diferenciadas para membros de minorias e maiorias étnico-raciais.

Aos planos de produção, reprodução, difusão e manifestação do racismo se vinculam os tipos de explicação que a ciência vai dar para suas causas e consequências. Algumas explicações e teorias põem ênfase sobre os aspectos mais individuais do racismo, outras centram-se nos seus aspectos culturais, e um terceiro conjunto de explicações pode priorizar sua dimensão mais estrutural. Doise (1980), na sua tentativa de classificação das teorias da psicologia social em quatro níveis de análise (intraindividual, interindividual, posicional e ideológico), considera como critérios a natureza das variáveis e o princípio explicativo predominantemente adotado nas teorias. O autor admite que a classificação, inevitavelmente, estará eivada de certa arbitrariedade e que as teorias são geralmente híbridas, envolvendo mais de um nível de análise, sobretudo as teorias de nível ideológico, que incluem mais explicações dos outros três níveis. As explicações intraindividuais e as interindividuais são as com menos integração e, portanto, mais fechadas em si mesmas (Doise, 1980). Cabe lembrar que os próprios planos de produção/manifestação do racismo (individual, cultural e estrutural) são igualmente híbridos, com fronteiras difusas ou sem fronteiras entre eles.

Na tarefa a que nos propomos, seguiremos a classificação das teorias psicossociais de Doise (1980). Para as teorias mais recentes ou para aquelas não referidas pelo autor, seguiremos seus critérios classificatórios de princípio explicativo e a natureza das variáveis envolvidas. Em todos os casos, considerando que as teorias passam por revisões, tomaremos a sua formulação original. Outro aspecto importante a ser mencionado é o de que, para a escolha que de quais teorias do racismo incluir na análise, adotamos dois critérios: 1) o fato de terem sido formuladas e desenvolvidas pela psicologia social, e 2) a repercussão da teoria, entendida como a sua presença nos livros e artigos da psicologia social que tratam do tema. Teorias importantes, a exemplo da teoria do senso de posição grupal de Herbert Blumer ou a do paternalismo de Mary Jackman, ficaram de fora da nossa análise por não atenderem a pelo menos um desses critérios.

Para a definição do nível de análise, adotamos os três critérios propostos por Doise (1980): o princípio explicativo, a variável independente ou o fator causal adotado e a variável dependente ou o fenômeno que sofre a influência do fator causal principal. O fator explicativo é definido como a estrutura teórica e os domínios de reflexão que predominam na teoria, tanto na construção dos marcos interpretativos (fundamentação teórica), quanto na discussão de dados. As variáveis dependentes e independentes são consideradas por Doise (1980, p. 226) como "segmentos do mundo real que podem ser integrados em estruturas teóricas". O autor argumenta que, como geralmente mais de um nível de análise é empregado nas explicações de uma mesma teoria, devemos reter na classificação o nível mais inclusivo, ou "mais alto", pois este articula explicações de outros níveis. A consistência cognitiva, a mudança de atitudes e a personalidade são exemplos citados pelo autor como princípios explicativos de nível I (intraindividual); no nível II (interindividual), estão a comparação social, a agressão e a aprendizagem social; no nível III (posicional), localizam-se a identidade social, as representações da diferença social e as posições (status) bem como as interações sociais; no nível IV (ideológico), encontram-se os valores e as normas, as crenças amplas e as ideologias.

Em relação à "variável dependente", cabe antes referir que se trata de uma terminologia de Doise porque a maior parte dos artigos analisados são empíricos e experimentais, ou seja, a realidade social é esquadrinhada em termos de variáveis que a modificam, chamadas de "independentes" (VI), e variáveis modificadas, chamadas de "dependentes" (VD). A escolha das VD é uma indicação objetiva de quais aspectos da realidade social ampla o referido pesquisador define como centrais na sua análise. Como em uma mesma teoria pode haver mais de uma VD, para fins de classificação adotaremos aquela que o autor da teoria considera mais importante. Aprendizagem, mudança de atitudes e distorções ou enviesamentos cognitivos são exemplos de VD de nível I. No nível II, Doise (1980) cita a influência social – entendida na maior parte dos estudos da década de 1980 como influência de um indivíduo sobre outro; além de agressão, atribuições e avaliação interpessoal. No nível III, algumas VD destacadas são: efeitos intergrupais, redução e distâncias de poder e representações. Já no nível IV, o autor encontrou apenas um artigo, dentre os 142 analisados, cuja VD foi intergrupal: "ideologias conservadoras".

Na classificação dos artigos do *European Journal of Social Psychology* (EJSP), feita na década de 1980, Doise observou certo hibridismo, pois muitas teorias cujo princípio explicativo era de nível posicional e ideológico utilizavam variáveis dependentes de nível intraindividual ou interpessoal. Os exemplos citados também se aplicam às variáveis independentes adotadas nos estudos. A esse respeito, o autor constata que a maior parte dos estudos manipula suas VI de forma híbrida, predominando os níveis I e II, sendo mais raras as manipulações que envolvem a articulação do nível I com o IV. Da mesma forma, predominaram os estudos cujas VI foram de nível I ou II, e as VD também se situam a estes níveis. Cabe referir que metade dos 142 artigos analisados usaram VI e VD de mesmo nível (Doise, 1980). O autor afirma que a teoria da identidade social está situada na fronteira entre os níveis interpessoal, posicional e ideológico; ainda que ele atribua ao nível III sua classificação predominante, ou seja, posicional.

Importante referir que toda explicação procede por redução, seja teórica, seja empírica, ou ainda derivada de um estudo qualitativo ou, no caso deste livro, quantitativo. Contudo, apenas certos aspectos da complexa e sistêmica realidade social podem ser considerados, enquanto vários outros são negligenciados (Doise, 1980). A partir da análise dos 142 artigos, o autor afirma que o principal tipo de reducionismo encontrado se refere ao emprego relativamente escasso de variáveis dos níveis III e IV e ao subdesenvolvimento de abordagens teóricas que seriam adequadas a esses níveis de análise. Doise classificou 14 artigos que adotaram um nível mais intrapsicológico ou interpessoal como princípio explicativo para analisar fenômenos que são principalmente relevantes em um nível mais elevado ou inclusivo de análise, sem que os autores procedessem a quaisquer questionamentos sobre o reducionismo das explicações dadas.

O nível explicativo predominante adotado em cada teoria define o alcance da explicação dada. A Teoria da Frustração-Agressão, que adota um nível que transita do intrapsíquico ao interpessoal, é classificada como uma teoria influente e típica "de médio alcance" (Tajfel, 1982, p. 29). Tal classificação não deriva de avaliações sobre o quão "verdade" ou "falsificação" uma teoria produz em relação à realidade, mas em que medida é "possível fazer uma transição do tipo de dados obtidos, para o comportamento intergrupal geral" (Tajfel, 1982, p. 30). Ou seja, em que medida a teoria permite entender de forma sistêmica a complexidade da realidade social por ela analisada.

Na sociologia, Robert Merton propõe a noção de "teoria de médio alcance" (*middle-range theory*) para referir teorias que integram uma dimensão empírica, de teste de hipóteses. Tais teorias se baseiam em achados empíricos, a partir dos quais criam declarações ou hipóteses gerais que podem ser verificadas (Merton, 1968). Pode-se afirmar que é comum a todas as teorias que analisaremos neste livro o fato de serem dependentes de rigorosa coleta e análise de dados empíricos. Importante referir, ainda, que a distinção em quatro níveis de análise proposta por Doise (1980)[1] e adotada neste livro não serve apenas a objetivos classificatórios. Ela deve facilitar a realização de articulações ou integrações de explicações e métodos (Camino, 1995; Doise, 1976). Análises articulando vários níveis teóricos são mais completas, pois conduzem a uma melhor descrição de um fenômeno sistêmico e multicausal, como é o racismo, estabelecendo as condições de sua atualização, mudança e persistência, a partir dos outros níveis de análise. A tarefa de articulação de níveis de análise, mais do que um exercício intelectual, deve ser a missão da psicologia social: "Na minha opinião, são precisamente as articulações teóricas que melhor refletem a dinâmica da disciplina e que também indicam direções nas quais a psicologia social poderá avançar" (Doise, 1980, p. 218).

Entretanto, faz-se necessário esclarecer que a adoção de níveis de análise como critério de organização das explicações em psicologia social não significa assumir uma postura de "ecletismo tranquilizador", investindo na reconciliação ou integração de abordagens diversas. Muitas vezes, o mais importante é jogar uma abordagem contra a outra, testar seus contrastes e confluências diante de um mesmo objeto de análise, como nos lembra Clifford Geertz (2001, p. 176):

> *A história da cultura, o corpo e o funcionamento do mundo físico realmente determinam o caráter da vida mental de qualquer pessoa – moldam-na, estabilizam-na e a enchem de conteúdo – mas eles o fazem de modo independente, partitivo, cooperativo e diferenciado. Não desaparecem simplesmente numa resultante, como um punhado de vetores integrantes, nem se reúnem numa concórdia lindamente equilibrada e sem atritos.*

A proposta do presente livro é, portanto, a de discutir o uso, os limites e os potenciais de teorias clássicas da psicologia social (teorias europeias e norte-americanas) para o entendimento do racismo no Brasil. Tal empreendimento, para não correr o risco de ser entendido como – ou mesmo de se tornar – um mero exercício de pensamento colonizado, precisa, antes de ser

1 Doise e Valentim (2015) acrescentam mais dois níveis de análise, o intersocietal e o neurológico. Estes, contudo, não serão considerados na nossa análise.

iniciado, responder a duas perguntas-chave: o que é uma teoria clássica? E por que não estamos assumindo uma posição de subjugação intelectual, ou uma colonialidade do saber, quando propomos um resgate de tais teorias estrangeiras para entender nossa realidade nacional?

Para responder à primeira pergunta, o que torna uma teoria clássica, seguiremos o caminho proposto por Smith e Haslam (2012), no livro *Psicologia social: revisitando os estudos clássicos*. Os autores propõem que não existe um critério fixo ou inquestionável para definir porque um estudo, em uma dada área de conhecimento, torna-se um clássico. Um modo de tentar responder à questão é buscar elementos comuns nas teorias "mais perenes" e mais citadas em uma área. Na psicologia social, são apontados três elementos existentes nos seus estudos clássicos: "grandes questões", "desafio do estabelecido" e "rigor, inovação e engenhosidade metodológicos" (Haslam & Smith, 2012).

Uma teoria psicossocial clássica parte sempre de uma pergunta essencial ou impactante, do tipo: "por que obedecemos ou nos conformamos às normas ou autoridades?"; ou "quando e como uma minoria pode se tornar inovadora e revolucionária?". A resposta a tais perguntas desafia o conhecimento estabelecido, por exemplo: 65% de cidadãos comuns, considerados "de bem", foram capazes de, obedecendo a uma autoridade, aplicar choques letais em outro indivíduo apenas porque ele não aprendia algo simplório; 32% de pessoas que, do ponto de vista de uma minoria social, não apresentavam problemas de percepção de cores foram convertidas a afirmar que o azul era verde. Os métodos de pesquisa em tais estudos clássicos são também "um ponto fora da curva". Eles criam situações que, mesmo quando artificiais, levam os participantes a se posicionarem em temas cruciais da vida cotidiana, a exemplo da situação de conformidade criada nos estudos de Muzafer Sherif e Solomon Asch, nas décadas de 1930 e 1950.

Existem, evidentemente, na psicologia, muitas teorias que não se encaixam na classificação descrita, mas que ainda assim são clássicas, a exemplo da psicanálise freudiana e do behaviorismo de Skinner. A nossa escolha dos três critérios de definição de estudos clássicos se deve ao fato de que optamos por analisar teorias psicossociais do conflito social que têm base empírica sólida e alta taxa de replicação ou de adaptações em outros contextos além daqueles onde surgiram.

Em relação à segunda pergunta, referente à colonialidade ou decolonialidade da tarefa proposta, vamos optar, seguindo Catherine Walsh, pela noção de inter-relação ou interculturalidade. Walsh (2009), analisando a sujeição e rendição impostas pelos países do Norte aos do Sul Global, propõe a busca de "um lugar próprio" a partir do qual se possa dialogar com o resto do mundo. Nesse sentido, se a colonialidade consiste em aceitarmos a imposição de padrões globais de controle e poder, a decolonialidade são os esforços e energias para transgredir e quebrar esses modelos, "implodi-los de dentro para abrir possibilidades, rupturas e horizontes diferentes" (Walsh, 2009, p. 235). Para a autora, na superação da sujeição intelectual, é fundamental a adoção da interculturalidade, entendida não somente como a inter-relação entre saberes, mas como a construção de "outro", um novo conhecimento, de "outra" prática política, de "outro" poder social, de "outra" sociedade e de "outros" sistemas de vida, demarcando assim formas diferentes de pensar/agir/viver em relação aos padrões engendrados pela colonialidade. Assumir uma postura decolonial é, portanto, tarefa incontornável para a libertação da psicologia social latino-americana e brasileira, que ainda habita uma espécie de "periferia teórica" na psicologia social hegemônica, estabelecida nos cânones europeus e norte-americanos (Martín-Baró, 2017).

Entretanto, não se combate um epistemicídio com outro. Como nos ensinam Walsh (2009; 2019) e Pinto e Mignolo (2015), a melhor postura para a superação da colonização intelectual não é a indiferença e o negacionismo das teorias e metodologias *mainstream*, mas a interconectividade entre as várias formas de saber, que só é possível quando o "pensamento fronteiriço" conhece, apropria-se, critica e transforma as matrizes de poder colonial:

> *Não é só a interconexão dos termos o que nos interessa aqui, mas como essas interconexões fornecem os alicerces para o "posicionamento crítico fronteiriço", cujo caráter epistêmico, político e ético orienta-se para a diferença e a transformação das matrizes do poder colonial. Ou seja, um posicionamento tanto em termos de pensamento como de práxis, que vai além das categorias estabelecidas pelo pensamento eurocêntrico (ao mesmo tempo em que incorpora essas categorias por meio de espaços interiores e exteriores), que partem de uma alteridade da diferença de lógica, de*

> *modernidade/colonialidade, e que se sustenta nos confrontos entre as distintas concepções da sociedade, propondo alternativas reais. (Walsh, 2019, pp. 28-29)*

A tarefa proposta neste livro é, portanto, a de entender em que medida a psicologia social nacional se engajou na apropriação, crítica, desconstrução e/ou transformação de algumas das principais teorias dos conflitos e do racismo produzidas na Europa e Estados Unidos. Para tanto, essas teorias foram organizadas por nível de explicação (intraindividual, interindividual, posicional e ideológico) e nível de generalidade (específicas e gerais), ou seja, se a explicação é dirigida especificamente ao racismo ou se é mais geral, sobre conflitos e relações intergrupais. Nas Tabelas 0.1, 0.2, 0.3 e 0.4 são apresentadas as teorias que serão abordadas neste livro, os critérios classificatórios e a classificação empreendida. Para a realização da tarefa a que nos propusemos, colaboraram as cuidadosas leituras e sugestões críticas de Charles Vinicius Souza, Francisca Ádila Santos, Hênio Rodrigues e Iara Andrade de Oliveira; além das fundamentais revisões de Amanda Santos Trindade, Rose Mariane Cavalcante, Samira Silva Costa e Vanessa Santos Farias, a quem agradecemos imensamente.

Tabela 0.1 – Principais teorias explicativas do racismo na psicologia social (nível intraindividual)

Tipo de explicação	Princípio explicativo/ Nível explicativo	Variável independente/ Nível explicativo	Variável dependente/ Nível explicativo	Teoria
Gerais	Socialização (interpessoal) que cria susceptibilidades individuais aos apelos fascistas/Nível II	Personalidade/ Nível I	Autoritarismo, entendido enquanto atitude individual-interpessoal/Níveis I e II	Teoria da Personalidade Autoritária (Adorno et al., 1950)
	Processos perceptivos (crenças)/Nível I	Abertura vs. Fechamento mental/ Nível I	Dogmatismo, entendido enquanto atitude individual-interpessoal/ Níveis I e II	Hipótese do Espírito Fechado (Rokeach, 1960)
	Fatores biológicos e de socialização/ Níveis I e II	Orientação para a dominância social/ Nível I	Forças de manutenção e ampliação das hierarquias entre grupos sociais/Níveis III e IV	Teoria da Dominância Social (Sidanius, 1993)
Específica	Conflito interno entre valores igualitários e emoções e crenças negativas contra os negros/Nível I	Ambivalência racial/ Nível I	Discriminação racial/ Níveis III e IV	Teoria do Racismo Aversivo (Gaertner & Dovidio, 1986)

Tabela 0.2 – Principais teorias explicativas do racismo na psicologia social (nível interindividual)

Tipo de explicação	Princípio explicativo/ Nível explicativo	Variável independente/ Nível explicativo	Variável dependente/ Nível explicativo	Teoria
Gerais	Dinâmicas de relações entre indivíduos/ Níveis II e III	Frustração/Nível I	Agressão/ Níveis II e IV	Hipótese da Frustração/ Agressão (Dollard et al., 1939; Hovland & Sears, 1940)
	Aprendizagem por observação/Níveis I e II	Aprendizagem/ Nível I	Imitação e comportamentos/ Níveis II e III	Aprendizagem social (Bandura, 1978)
Específicas	O conhecimento ou a familiarização interfere nas relações/Nível I	Contato intergrupal/ Nível IV	Atitudes/Níveis I e IV	Hipótese do Contato (Allport, 1979; Pettigrew & Tropp, 2006)
	Percepções de que os negros estão em desvantagem social e, ao mesmo tempo, são desviantes/Nível I	Ambivalência atitudinal/Nível I	Atitudes pró e antinegros/ Níveis I e IV	Teoria do Racismo Ambivalente (Katz, Wackenhut & Hass, 1986)

Tabela 0.3 – Principais teorias explicativas do racismo na psicologia social (nível posicional)

Tipo de explicação	Princípio explicativo/Nível explicativo	Variável independente/ Nível explicativo	Variável Dependente/Nível explicativo	Teoria
Geral	Manter/ascender a uma autoestima positiva/Nível I	Processos de categorização e diferenciação social/ Nível II	Viés endogrupal/ Nível IV	Teoria da Identidade Social (Tajfel, 1981; Tajfel & Turner, 1979)
	A percepção por parte das pessoas que o outro grupo é uma ameaça/Nível I	Sentimento de ameaça (realística ou simbólica) nas relações entre grupos/ Níveis III e IV	Respostas cognitivas (e.g., estereótipos); respostas emocionais (medo, raiva, ressentimento); respostas comportamentais, variando da submissão à agressão (discriminação)/ Níveis I, II e IV	Teoria Integrada da Ameaça (Stephan & Stephan, 2000)
Específicas	Aspectos afetivos, cognitivos e ideológicos do preconceito/ Níveis I, II e IV	Etnocentrismo (Níveis I e IV), atitudes face a movimentos antirracistas (I), amizades intergrupais (II), conservadorismo político (IV), privação relativa (IV), dentre outras	Preconceito sutil contra imigrantes/ Nível I	Teoria do Racismo Sutil (Pettigrew & Meertens, 1995).
	A percepção individual de ameaça e a ambivalência de atitudes e emoções)/ Níveis I e II	Percepção de ameaça, competição econômica, violência e integração raciais/ Níveis III e IV	No racismo simbólico: decisão do voto/Nível I; No racismo moderno: decisão de contratar candidatos negros em contextos que justificam ou não a contratação/Nível I	Teoria do Racismo Moderno e Simbólico (McConahay, 1986; Kinder & Sears, 1981)

Tabela 0.4 – Principais teorias explicativas do racismo na psicologia social (nível ideológico)

Tipo de explicação	Princípio explicativo/ Nível explicativo	Variável independente/ Nível explicativo	Variável dependente/ Nível explicativo	Teoria
Geral	Sistemas de crenças, representações e normas sociais/ Nível IV	Competição por recursos materiais/ Nível IV	Estereótipos, preconceito e hostilidade intergrupais/ Níveis I e IV	Teoria do Conflito Realístico (Sherif, 1966)
	Processos de comparação social/ Nível IV	Sentimento de privação egoística ou fraterna/ Níveis III e IV	Violência, movimentos de protesto político, racismo/ Nível IV	Teoria da Privação Relativa (Stouffer et al., 1949; Runciman, 1966)
Específica	Necessidade de justificar e legitimar as desigualdades entre grupos no sistema/ Nível IV	Status e poder dos indivíduos grupos/ Nível III	Estereótipos/ Níveis III e IV	Teoria de Justificação do Sistema (Jost & Banaji, 1994)

A estrutura do livro

No Capítulo 1, analisamos as teorias de nível intraindividual, aquelas que predominantemente sugerem, como princípios explicativos do racismo, fatores de personalidade ou de funcionamento mental e emocional dos indivíduos racistas. São apresentadas e discutidas quatro teorias: a teoria da personalidade autoritária (Adorno et al., 1950), a hipótese do espírito fechado (Rokeach, 1960), a teoria da dominância social (Sidanius, 1993) e a teoria do racismo aversivo (Gaertner & Dovidio, 1986). As três primeiras, mais gerais, versam sobre etnocentrismo, dogmatismo, conflito e hierarquização social. Já a última, mais específica, trata sobre racismo ou preconceito racial.

No Capítulo 2, são discutidas as teorias de nível interindividual, focadas nas relações interpessoais. As mais gerais são a hipótese da frustração/agressão

(Dollard et al., 1939; Hovland & Sears, 1940) e a teoria da aprendizagem social (Bandura, 1977). As mais específicas são a hipótese do contato (Allport, 1979) e a teoria do racismo ambivalente (Katz, Wackenhut & Hass, 1986).

No Capítulo 3, abordamos as explicações de nível posicional, apresentado-as como teorias mais gerais do conflito a da identidade social (Tajfel, 1981; Tajfel & Turner, 1979), e da teoria integrada da ameaça (Stephan & Stephan, 2000). As mais específicas do racismo foram a teoria do racismo sutil (Pettigrew & Meertens, 1995) e a teoria do racismo moderno ou simbólico (McConahay, 1986; Kinder & Sears, 1981).

No Capítulo 4, focamos as explicações de nível ideológico; nele aparecem a teoria do conflito realístico (Sherif, 1966), a teoria da privação relativa (Stouffer et al., 1949; Runciman, 1966), ambas mais gerais, e a teoria de justificação do sistema (Jost & Banaji, 1994), com foco mais específico sobre os estereótipos.

Finalmente, na última parte do livro, são apresentados os defechos e descortinadas as possibilidades de integração dos vários níveis de análise do racismo pela psicologia social no Brasil. Nas considerações finais, destacamos as principais conclusões, traçamos um breve diagnóstico do cenário teórico atual e sinalizamos possíveis caminhos para o avanço da teorização psicossocial do racismo no Brasil.

1. O racismo e as explicações de nível intraindividual: modelos motivacionais[1]

As explicações psicossociais para os fenômenos se enquadram em planos ou níveis de análise. Os níveis de análise considerados foram os intrapsíquicos, interpessoais, posicionais e ideológicos. No presente capítulo, apresentaremos teorias do nível I ou intrapsíquico. Doise (1980) considera como inseridas nesse nível as explicações/teorias que analisam o modo como os indivíduos organizam suas percepções, suas avaliações e seus comportamentos; citando as teorias sobre equilíbrio cognitivo, mudança de atitude e processamento da informação.

As explicações de nível intraindividual

Hogg e Abrams (2001) classificam três teorias psicossociais como explicações de nível individual, em que pesem as diferenças entre elas. A Teoria da Personalidade Autoritária de Adorno et al. (1950), que concebe a adesão ao autoritarismo e etnocentrismo como consequência de uma personalidade disfuncional; a Hipótese do Espírito Fechado de Rokeach (1948, 1960), que supõe

---

1 Uma versão preliminar deste capítulo foi publicada na Revista Paidéia e3XXX.doi:https://doi.org/10.1590/1982-4327e3XXX

um estilo cognitivo dogmático associado à intolerância, e a Teoria da Dominância Social (Sidanius, 1993; Pratto, Sidanius, Stallworth, & Malle, 1994), que igualmente pressupõe que características invariantes dos indivíduos explicam sua busca por hierarquias e opressão social. Primeiramente, será feita uma breve incursão sobre cada uma dessas teorias mais gerais de explicação do racismo, para, em seguida, focalizar uma teoria específica, também de nível intraindividual, a Teoria do Racismo Aversivo.

Teoria da Personalidade Autoritária

Em 1944, o Comitê de Judeus dos Estados Unidos convidou pesquisadores para um evento sobre religião e preconceito racial. A proposta era buscar uma solução para o antissemitismo. A partir desses encontros, seis anos depois, Theodor Adorno e mais três colegas de formação na Escola de Frankfurt formularam a Teoria da Personalidade Autoritária (TPA), utilizando resultados de uma ampla pesquisa feita na Califórnia. Na época, os autores propuseram que três ideologias – o fascismo, o etnocentrismo e o autoritarismo – estavam na base da socialização de uma personalidade aderente aos apelos do antissemitismo. Tal personalidade seria forjada na infância, pelas famílias, mediante a valorização da obediência acrítica aos pais e aos mais velhos, inibição da espontaneidade e ênfase na conformidade com os valores e tradições propostos. Nas palavras dos autores:

> *Convencionalidade, rigidez, negação repressiva e o surgimento subsequente de fraqueza, medo e dependência são apenas outros aspectos do mesmo padrão de personalidade fundamental e podem ser observados na vida pessoal, bem como nas atitudes em relação à religião e às questões sociais. (Adorno, Frenkel-Brunswick, Levinson, & Sandford, 1950, p. 971, tradução nossa)*

A pessoa com personalidade autoritária buscaria uma solução etnocêntrica para os conflitos entre grupos sociais, concebendo seu grupo como puro e forte em oposição aos grupos dos outros, que deveriam ser eliminados, subordinados ou segregados. A TPA afirma que os que possuem altos escores de adesão a tal ideologia ou concepção, frequentemente, constroem um inimigo imaginário, percebido como onipotente e onipresente, envolto em narrativas paranoicas de perseguição (Adorno et al., 1950).

Não obstante os mecanismos envolvidos na formação da personalidade autoritária serem de nível cultural e ideológico, e de a TPA ter sido uma das primeiras teorias a articular personalidade e cultura, o fator causal adotado, aquele com peso explicativo, é a própria personalidade autoritária, concebida nos termos psicodinâmicos da psicanálise como uma estrutura anormal e patológica que está na base da adesão ao antissemitismo. É nesse sentido que essa teoria se enquadra na classificação de nível intrapsicológico de Doise (1980).

Na mesma década da criação da TPA, De Grazia (1950) observou que, não obstante a riqueza e variedade das técnicas de pesquisa, a teoria era aplicável somente às questões da ciência política nas quais os fenômenos grupais pudessem ser reduzidos às explicações individuais. Com efeito, adotando os mecanismos intrapsíquicos da negação e projeção, a TPA propõe que as pessoas com escores mais elevados de autoritarismo tendem a projetar seus desejos inconscientes e moralmente proibidos sobre membros de minorias sociais. Da mesma forma, usam a noção freudiana da negação para esconder seus "impulsos sexuais rudes e não socializados" (Martin, 2001, p. 10). A TPA propõe que um tipo de personalidade específico explica a adesão ao antissemitismo. Nas palavras dos autores, "tal estrutura psicológica, que corresponde ao pseudoconservadorismo, é constituída pela convencionalidade e submissão autoritária no nível do ego, com violência, impulsos anárquicos e destrutividade caótica no plano inconsciente" (Adorno et al., 1950, pp. 675-676).

Em que pesem as críticas de se adotar um viés confirmatório (Martin, 2001) e de ser mais uma "psicologia politizada" do que uma psicologia política (Tetlock, 1994), a TPA permitiu a leitura de fenômenos conexos ao antissemitismo, tais como o conservadorismo moral, o autoritarismo de Direita, o fascismo e o racismo. Além disso, ela impulsionou o surgimento de outra explicação, também de nível intraindividual, para os preconceitos: a Hipótese do Espírito Fechado de Milton Rokeach.

A Hipótese do Espírito Fechado

No final da década de 1940, antes mesmo do aparecimento do livro sobre a personalidade autoritária, Milton Rokeach publicou um artigo propondo uma explicação, em alguns aspectos semelhante à da TPA, que situava a causa do etnocentrismo não nas motivações inconscientes, mas em fatores da cognição individual, os quais não diferenciariam os extremistas de esquerda dos da direita política. Trata-se da Hipótese do Espírito Fechado (HEF) ou *closed mind* (no original).

Para Rokeach (1960), uma das características fundamentais do etnocentrismo era a rigidez e a inflexibilidade no processo de pensamento. Tal rigidez não se referia apenas à avaliação de fenômenos sociais ou à percepção dos grupos sociais, como propunha a TPA, sendo mais geral, pois se manifestava na solução de qualquer problema cognitivo. Sob a influência da teoria gestáltica, a HEF define a rigidez do pensamento como uma incapacidade de reestruturar um campo perceptivo, mesmo quando existem soluções alternativas e mais eficientes para um problema. Tal estilo cognitivo define duas categorias de pessoas: os mais etnocêntricos, que pensariam de forma concreta e rígida, e os menos etnocêntricos, que pensariam de forma abstrata e flexível.

Rokeach (1948) faz alguns experimentos para testar essa hipótese. No primeiro deles, constata que quanto mais as pessoas adultas eram capazes de conseguir soluções flexíveis para problemas aritméticos associados à conservação de líquidos, menos eram etnocêntricas. Adotando para a investigação o efeito *Einstellung*, que prevê que uma primeira ideia que vem à mente, desencadeada por características familiares de um problema, impede que outras ideias com melhores soluções surjam, o autor utiliza dez problemas dessa natureza. Em um deles, Rokeach pede aos participantes que observem três jarras de água com capacidades de 31 decilitros (dl), 61 dl e 4 dl. O problema proposto era obter 22 decilitros de água usando as três jarras. A única solução possível era retirar da jarra de 61 dl (representada pela letra A) uma jarra de 31 dl (representada pela letra B) e duas jarras de 4 dl (representada pela letra C): A – B – 2C = 22 dl. Rokeach analisa, além da capacidade de flexibilidade cognitiva para resolver os problemas, os escores de dogmatismo dos estudantes universitários que participaram: se eles tentam resolver todos os problemas seguintes usando a mesma lógica matemática (A – B – 2C); se durante as tentativas de solucionar usam números ou operações matemáticas de soma e subtração; ou se resolvem mais de forma verbal e riscam o papel rascunho deixado disponível. Os resultados mostram diferenças significativas nos participantes com elevados escores de etnocentrismo em comparação com os pouco etnocêntricos na variável de rigidez das soluções, no uso do rascunho e nas soluções mais verbais (maior uso de palavras). Em todas essas medidas, os mais etnocêntricos obtiveram escores mais elevados.

Em um segundo estudo, o autor verifica que a capacidade de encontrar atalhos ou rotas mais curtas e diretas em mapas de vias urbanas também se associava positivamente ao baixo etnocentrismo. Em um terceiro estudo, replica os resultados do primeiro achado para amostras de crianças estadunidenses. Rokeach conclui que, nos três estudos, os mais etnocêntricos são mais concretos no seu raciocínio que os menos etnocêntricos. Posteriormente, Rokeach (1951) verifica que o modo como as pessoas lidam e organizam cognitivamente assuntos religiosos e outros de natureza político-econômica também se estrutura ao longo de um *continuum* que varia de abrangente/inclusivo a estreito/fechado. Para analisar a relação entre as diferenças individuais de organização do pensamento com o etnocentrismo nos EUA, o autor pede aos participantes que definam e tentem encontrar relações entre dez conceitos: Budismo, Capitalismo, Catolicismo, Cristianismo, Comunismo, Democracia, Fascismo, Judaísmo, Protestantismo e Socialismo. Os resultados atestam que as pessoas com escores muito elevados de etnocentrismo utilizam um pensamento mais restrito na organização dos conceitos que pessoas menos etnocêntricas, as quais organizam as informações de modo mais abrangente e inclusivo. Rokeach conclui defendendo a imanência do "espírito fechado", quando afirma que não se deve falar de pessoas mais e menos preconceituosas, afinal todos são preconceituosos, alguns contra os judeus e negros, outros contra os comunistas, outros contra os capitalistas: "Os alvos desses preconceitos podem ser diferentes, mas todos são fundamentalmente os mesmos – são todos preconceitos" (Rokeach, 1951, p. 235, tradução nossa).

A Hipótese do Espírito Fechado trouxe uma importante complementação à Teoria da Personalidade Autoritária, pois situou o autoritarismo como fenômeno mais geral, um tipo de dogmatismo presente tanto em pessoas de direita quanto nas de esquerda. A escala de dogmatismo proposta por Rokeach (1954) entende o fenômeno como: (a) uma organização cognitiva relativamente fechada de crenças sobre a realidade, (b) estruturada em torno de um conjunto central de crenças sobre uma autoridade absoluta e (c) que fornece a base para a intolerância para com os outros (Vacchiano, Strauss, & Hochman, 1969). Todavia, como destacam esses autores, a HEF, enquanto suposição e estrutura cognitiva individual e universal, é contestada por um amplo conjunto de estudos que identifica diferenças em níveis de dogmatismo entre homens e mulheres, entre pessoas de classes sociais diferentes e entre grupos em situações culturais diversas. Surge então, na década de 1990, uma nova teoria, também com ênfase predominante nos aspectos intraindividuais, para explicar o desejo de domínio e controle sobre os outros: a Teoria da Dominância Social.

A Teoria da Dominância Social

A Teoria da Dominância Social (TDS) se estrutura sobre o postulado de que as hierarquias e os sistemas de opressão baseados no pertencimento a diferentes grupos sociais são universais na história da humanidade. Segundo a TDS, haveria três grandes sistemas de opressão: o "sistema da idade", no qual ser adulto significa ter mais poder em comparação a ser "juvenil" (sistema idadista ou ageísta); o "sistema do patriarcado", no qual os homens desfrutam de mais poder do que as mulheres; e, finalmente, o sistema chamado de "arbitrário", no qual surgem, em função da história e do contexto envolvido nas relações entre os grupos, sistemas mais específicos de opressão, a exemplo do étnico e do racial (Sidanius et al., 2018).

A busca pela supremacia ou domínio de um indivíduo sobre o outro, ou de seu grupo sobre outro, estaria na origem dos preconceitos e de todas as outras formas de dominação (Pratto et al., 1994). A TDS propõe que as sociedades, para minimizarem os conflitos entre os grupos, criam consensos sobre ideologias que promovem a crença de que alguns são superiores a outros. Tais ideologias podem ser de dois tipos: as que legitimam as desigualdades entre os grupos e as que promovem o combate a tais hierarquias. Essas ideologias estruturariam "mitos legitimadores" cuja função é naturalizar ou legitimar a estratificação social. Exemplos de mitos legitimadores são o darwinismo social e a meritocracia. Já a luta pelos direitos humanos e a promoção da justiça da necessidade, *noblesse oblige* ("a nobreza obriga", no original), seriam tentativas de atenuar as hierarquias (Sidanius et al., 2018). Na Figura 1.1, pode-se ver uma esquematização da TDS, em uma proposta já mais recente e integralizada de níveis de análise.

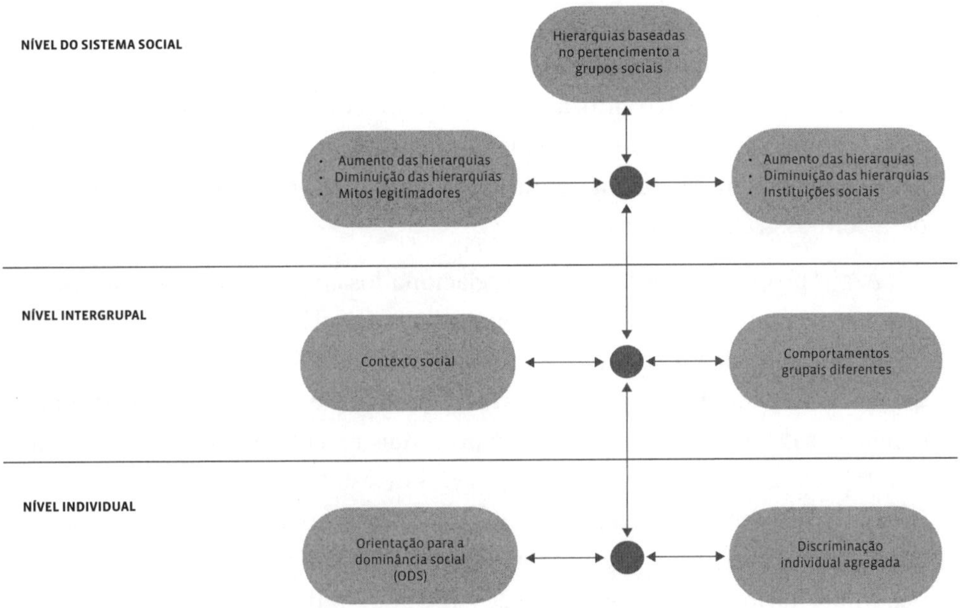

Figura 1.1 – Visão esquemática da Teoria da Dominância Social.

Fonte: Sidanius et al., 2018, p. 105.

Não obstante o interesse da TDS em explicar fenômenos amplos, como as ideologias legitimadoras e as relações de conflito intergrupal, e focalizar tanto os fatores estruturais quanto os individuais na opressão grupal, como se depreende da Figura 1.1, o fator explicativo ou causal adotado é, como nas duas teorias anteriores, de nível intraindividual. A Teoria da Dominância Social postula que o aspecto decisivo na aceitação ou na rejeição das ideologias legitimadoras é uma variável intrapsicológica chamada Orientação para a Dominância Social (ODS).

A ODS é definida como o desejo que a pessoa possui de que seu grupo domine o grupo do outro (Pratto et al., 1994). Segundo esses autores, duas consequências principais decorrem de uma personalidade com alta ODS: o apoio aos mitos legitimadores que promovem a opressão e o domínio, bem como a busca por instituições e papéis sociais voltados para a manutenção dessas hierarquias, a exemplo das carreiras jurídicas e militares. Uma ampla pesquisa envolvendo quatorze amostras com mais de 1900 participantes demonstrou que a ODS se relaciona positivamente com o conservadorismo político-econômico, o nacionalismo, o elitismo cultural, o sexismo, o militarismo e a homofobia. Por outro lado, as correlações entre a ODS e empatia, altruísmo e promoção da justiça da necessidade foram negativas. Ou seja, quanto mais as pessoas estão voltadas para a dominação social, mais intolerantes se mostram para com os grupos minoritários.

A TDS propõe que os fenômenos relacionados ao preconceito e à opressão dos grupos podem ser explicados somente a partir das diferenças individuais na ODS, visto que há uma interconexão de variáveis. Entretanto, compreender que fatores socioculturais são responsáveis pela ODS é tarefa fundamental para explicar as desigualdades entre os grupos. Mais recentemente, a definição de ODS foi refinada para referir o desejo geral de estabelecer e manter relações intergrupais hierarquicamente estruturadas, independentemente da posição do próprio grupo nessas hierarquias; de forma que, mesmo membros de grupos minoritários, com altos níveis de ODS, podem desejar a manutenção da dominação contra o seu grupo (Sidanius et al., 2018). A TDS propõe ainda que existem formas mais gerais e flagrantes de ODS, associadas ao racismo aberto, e outras mais brandas, associadas às suas expressões mais veladas e sutis.

Em que pese o conjunto sólido de evidências empíricas sobre a relação entre ODS e as várias formas de opressão (Pratto et al., 1994), as críticas a TDS se concentram em três linhas : 1) proposição de que a ODS é uma variável individual poderosa para explicar por que certas ideologias são aceitas; críticos afirmam que a ODS não é uma causa, mas uma consequência da existência de atitudes em relação a um grupo particular, em um contexto intergrupal saliente; 2) afirmação de que estruturas universais invariantes, que explicam as diferenças entre homens e mulheres nos níveis de ODS, ignoram a construção cultural de papéis de gênero; 3) suposição de imanência do desejo de controle sobre os outros; para os crítcos, a TDS não explica as mudanças sociais promovidas pela luta por igualdade e justiça (ver Sidanius et al., 2018).

As três teorias brevemente apresentadas adotam, como ponto de vista predominante, a ideia de que o antissemitismo, o dogmatismo e a orientação para a opressão dos outros são características dos indivíduos, forjadas durante a sua socialização familiar (TPA), ou que possuem certa imanência cognitiva (HEF) ou biológica/evolutiva (ODS). Os três fenômenos explicados manifestam-se nas relações interpessoais (TPA), nas percepções individuais (HEF) e nas relações intergrupais (ODS). São explicações de fenômenos mais gerais, os quais se associam ao preconceito e ao racismo. Entretanto, neste capítulo, interessa também analisar explicações específicas sobre o racismo.

No âmbito da psicologia social, nas décadas de 1970 e 1980, surgem teorias específicas para explicar o racismo, cujo nível e análise preponderante é o intraindividual; uma das mais destacadas ou citadas é a Teoria do Racismo Aversivo.

A Teoria do Racismo Aversivo

Na década de 1970, Joel Kovel, um psicanalista estadunidense, estava interessado em explicar o "poder irracional do racismo" nas sociedades formalmente democráticas. Kovel propôs que uma forma específica de racismo constituía o coração da sociedade burguesa do norte dos Estados Unidos: o racismo aversivo. Em termos psicodinâmicos, haveria, por um lado, um conflito entre desejos primitivos e inconscientes de atração pelo socialmente desvalorizado e proibido, e, por outro, a censura dos ideais do superego impostos pela ordem social. Nas palavras de Kovel: "Aqui está o corpo-excremento que foi odiado, reprimido, espalhado sobre o universo, mas que permanece amado pelo desejo infantil de fusão com a imagem materna" (1970, p. 138, tradução nossa). A aversão seria, nessa perspectiva, um mecanismo de defesa do ego para lidar com esses desejos opostos. Os negros seriam associados ao "corpo-excremento" pela cultura racista, através da construção e imposição de estereótipos negativos; de forma que lhes restariam, segundo Kovel (1970), duas opções: ou odiar o seu "eu" como a cultura determinava ou não ser/ter um "eu" (*to be nothing*).

Na década de 1980, Samuel Gaertner e John Dovidio se apropriam da noção de "racismo aversivo" e realizam um conjunto de pesquisas, a fim de demonstrar como se processava essa forma de racismo em termos psicossociais. Os autores afirmam que a ambivalência entre sentimentos repulsivos e valores igualitários caracteriza as atitudes raciais de muitos norte-americanos brancos. Para esses autores, a etiologia dessa forma de racismo resulta de: (i) assimilação de um sistema de valores igualitários, (ii) sentimentos e crenças derivados do contexto racista e (iii) impressões derivadas do mecanismo cognitivo humano que contribui para o desenvolvimento de estereótipos e preconceito. A coexistência de emoções raciais conscientemente inevitáveis com o desejo de ser igualitário formaria a base da ambivalência que os racistas aversivos experimentam (Gaertner & Dovidio, 1986).

Nas interações com os negros, os "aversivos" não sentiriam hostilidade ou ódio, mas, sobretudo, desconforto, nervosismo, nojo e, algumas vezes, medo. Tais emoções motivam mais a evitação do contato do que comportamentos intencionais abertamente violentos. Daí o termo "racista aversivo" ser apropriado para definir esse conjunto de sentimentos e valores contraditórios.

Em contraste com os racistas mais flagrantes, os aversivos seriam mais sutis, pois eles, de forma geral, acreditam que não são racistas, já que possuem autoconceito de pessoa igualitária. Seu racismo só se expressa em contextos nos quais possam justificá-lo com base em algum fator não associado à raça, ou noutros contextos em que a norma antirracista não esteja saliente e eles não se sintam controlados (Dovidio, 2001).

A Teoria do Racismo Aversivo (TRA), diferentemente da Teoria da Personalidade Autoritária, não enfatiza aspectos psicopatológicos nas explicações do fenômeno, ainda que a origem das explicações nas duas seja a mesma: aspectos psicodinâmicos não conscientes. A TRA afirma que as emoções negativas que os racistas sentem em relação aos negros se baseiam em três processos normais do funcionamento psíquico: (i) o processo de categorização social com a separação dos grupos, que conduz ao favorecimento do próprio grupo; (ii) as dinâmicas motivacionais associadas à satisfação de necessidades básicas, tais como a necessidade de poder e de controle sobre os outros; e (iii) a internalização, muitas vezes automática, dos valores e crenças da sociedade, e da visão de que os negros são culturalmente diferentes (Dovidio & Gaertner,

1998). O primeiro desses aspectos aproxima a TRA da TPA e da HEF quando enfatiza o etnocentrismo. O segundo assemelha-se à noção de orientação para a dominância social da TDS. O terceiro introduz uma dimensão nova, que começa a ganhar destaque na psicologia na década de 1980, a dos processos cognitivos automáticos, associando-se ainda com as coetâneas teorias do racismo simbólico e do moderno, que serão descritas mais à frente.

O teste empírico original das teses do racismo aversivo utiliza o paradigma do comportamento de ajuda dos estudos clássicos de Bibb Latané. A hipótese principal da TRA é a de que, em situações em que as normas que prescrevem os comportamentos adequados não estão ambíguas, os negros não serão discriminados, para evitar ameaças à autoimagem de não preconceituoso dos brancos aversivos, a menos que haja uma justificativa não racial que permita racionalizar respostas racistas. Para testar essa hipótese, Gaertner e Dovidio (1986) manipulam chamadas telefônicas nas quais um cidadão, identificável pelo sotaque como branco ou como negro, explica que está tentando falar com a oficina para avisar que seu carro quebrou e pede ao sujeito que chame o socorro para ele, pois não tem mais como fazer outra ligação. Os que atendem tais chamadas (participantes do estudo) são membros ou do partido liberal, ou do conservador estadunidense. Os autores constatam que os conservadores prestaram menos ajuda aos negros do que aos brancos, ao passo que os liberais ajudam de forma indiferenciada. No entanto, os liberais desligam mais prematuramente o telefone para negros do que para brancos, e os conservadores não discriminam dessa maneira.

Em outro estudo, verifica-se que, em situações nas quais uma vítima, branca ou negra, pedia socorro a participantes, as vítimas negras eram mais socorridas que as brancas na situação em que o participante acreditava que estava sendo observado, e menos socorrida que as brancas na situação em que achava estar só (Dovidio & Gaertner, 1998). Da mesma maneira, quando candidatos brancos e negros a um emprego são descritos como "muito", "medianamente" ou "pouco" qualificados, os participantes do estudo tendem a discriminar o negro em relação ao branco apenas na condição mais ambígua, de média qualificação, pois a estrutura normativa antirracista está menos bem definida nela e tal ambiguidade racionalizaria a discriminação (Dovidio & Gaertner, 2000). O mesmo padrão de resultados é encontrado em crianças depois dos sete anos, quando já assimilaram a norma antirracista (França & Monteiro, 2013; França, Da Costa Silva e Batista, 2019).

Não obstante a sua vinculação com as normas sociais e o seu potencial de pesquisa com adultos e com crianças, a TRA apresenta algumas limitações que merecem destaque. A primeira delas é mais geral, comum a todos os aportes intrapsíquicos, trata-se da pouca ênfase que essas teorizações dão aos efeitos das relações de poder no racismo. A consequência mais imediata disso é a naturalização dos processos de categorização social e estereotipia, supondo-lhes uma inerência e mesmo imanência, e ignorando os aspectos mais ideológicos e históricos envolvidos nas relações entre grupos (Condor, 1988).

Outra crítica à Teoria do Racismo Aversivo, mais específica e metodológica, deriva da análise da discriminação racial em situações reais de empregos nos Estados Unidos. Com uma amostra ampla de estudos sobre discriminação no campo do emprego, Quillian (2006) observa que as empresas norte-americanas contratam, em entrevistas presenciais, 2,43 vezes mais candidatos brancos do que negros, ambos com alta qualificação; e contratam 1,5 vez mais os brancos, em análises não presenciais de currículos. Ou seja, os negros de alta qualificação são ainda mais preteridos em contextos nos quais a norma antirracista deveria ser mais forte (entrevista presencial) do que em contextos mais neutros, nos quais a falta de interação poderia facilitar a racionalização do racismo. Tal achado indica que, em situações mais reais, de efetiva contratação e tomada de decisões com impactos de médio e longo prazo, as preocupações individuais com a autoimagem de pessoa igualitária, que se mostram importantes em contextos artificiais pouco relevantes, cedem lugar ao racismo estrutural.

Como referido, a proposta do presente capítulo é entender como (e se) as explicações que a psicologia social tem fornecido para o racismo ao longo dos anos são usadas na análise do racismo no Brasil. Para tal, primeiramente realizamos o levantamento da literatura nacional sobre o tema e, em seguida, analisamos seus potenciais de encaixe ou de desencaixe analítico. Iniciamos nossa busca pela Teoria da Personalidade Autoritária e seguimos de forma sistemática pelas demais.

Racismo no Brasil: o uso de explicações individualizantes pela psicologia social

Em uma pesquisa feita no dia 13 de abril de 2021 nos periódicos Capes, introduzimos na linha de busca as palavras "personalidade autoritária e racismo", predefinindo a referência a qualquer dos termos no assunto ou título da publicação; além disso, adotamos como critério de inclusão publicações que tratassem sobre a realidade brasileira e como critérios de exclusão os itens repetidos[2]. Foram recuperados 28 registros, sendo 20 artigos e 8 livros, a maioria publicada na área de história ou sociologia, nenhum na psicologia. A leitura dos 28 resumos indicou que nenhum trabalho analisa a relação entre a personalidade autoritária e o racismo no Brasil. Em uma segunda consulta, ampliamos a busca para "personalidade autoritária e preconceito", considerando que a maior parte da psicologia social prefere o termo "preconceito" por ser mais individualizante (Lima, 2019). Foram encontrados 36 trabalhos, 22 artigos e 14 livros, novamente a maioria publicada na sociologia, mas, desta vez, havia dois trabalhos na psicologia social. Não encontramos estudos empíricos relacionando escores na Escala (F) de Autoritarismo com o racismo ou o preconceito racial no Brasil.

Considerando, como primeiro critério de inclusão, trabalhos específicos de leitura do preconceito a partir da noção de personalidade autoritária, apenas o estudo de Da Silva e Bittencourt (2019) discute teoricamente, com base na TPA, a relação entre personalidade autoritária, *bullying* e preconceito na escola. Entretanto, como as autoras não destacam no texto de qual preconceito estão falando, descartamos o estudo por não ser específico sobre o preconceito racial. Tal linha de análise da relação *bullying* preconceito aparece no segundo artigo. Léon Crochík (2015) procede a uma análise teórica das semelhanças e diferenças entre essas duas formas de violência no contexto escolar. O autor refere noções da psicologia social para definir preconceito enquanto atitude, cita trabalhos sobre as relações entre várias formas de manifestação, a exemplo

2 Importante referir que, ao longo deste livro, nossa intenção com essas buscas não é a de produzir revisões sistemáticas da literatura. Tencionamos tão somente demonstrar a incidência de uso das teorias no principal portal de conhecimento científico do país. Por isso, usaremos apenas uma base de dados e não nos preocuparemos em ter mais juízes realizando no mesmo dia a mesma busca.

do étnico e do contra pessoas com deficiência. Afirma que o preconceito contra os negros se associa ao racismo e conclui se tratar de uma "ideologia introjetada, mediada por necessidades psíquicas, que não deve ser reduzido ao âmbito da psicologia ou da psicanálise" (p. 34). Para Crochík, o *bullying* é uma forma de violência mais indiferenciada do que o preconceito, o qual teria alvos definidos e estáveis.

Em relação à Hipótese do Espírito Fechado, uma outra busca, realizada no mesmo dia e na mesma base de dados, não retornou resultados que relacionassem preconceito ou racismo com "espírito fechado", "mente fechada" ou *closed mind* em trabalhos publicados sobre a realidade brasileira. No que se refere à Teoria da Dominância Social, a busca, realizada no mesmo dia, como tema exato nos assuntos, retornou 30 trabalhos para o termo "dominância social", a maioria deles (17) publicados em periódicos da psicologia. Entretanto, apenas dois desses trabalhos relacionam dominância social e preconceito ou racismo no Brasil.

Fernandes, Da Costa, Camino e Mendoza (2007) analisam a relação entre o preconceito, concebido como homólogo à orientação para a dominância social (ODS), com os valores psicossociais. No estudo, realizado com uma amostra de estudantes universitários, os autores investigam em que medida a adesão aos sistemas de valores explica a ODS. Os resultados indicam que, quanto mais a adesão aos valores materialistas (autoridade, status, lucro e riqueza), maior a orientação para a dominância. Pelo contrário, mais adesão aos valores pós-materialistas (fraternidade, amor, autorrealização) menos ODS. Como referido, os autores consideram a escala de ODS como um indicador de preconceito e a própria TDS como tendo sido elaborada para explicar o preconceito; de forma que não é realizada uma análise da relação entre preconceito racial e orientação para dominância.

No outro artigo, que também considera ODS e preconceito como homólogos, Fernandes (2009) demonstra que os sistemas de valores e o preconceito são fenômenos explicativos da confiança em instituições políticas e sociais e da valorização da política. A autora observa que a ODS se associa positivamente com a crença nas instituições, mas não se associa com a valorização da política. Também nesse segundo estudo não é testada a relação entre preconceito racial e ODS.

Em relação à teoria específica do racismo, a do racismo aversivo, foi novamente realizada uma busca nos periódicos Capes, no dia 15 de abril de 2021. Foram encontrados 14 registros para o termo "racismo aversivo", mas apenas três artigos se referiam a análises feitas no Brasil, ainda que de forma pouco direta, como veremos.

Lima e Vala (2004), em um artigo teórico, apresentam a TRA quando discutem as principais teorias do racismo construídas na Europa e nos Estados Unidos, além da teoria do racismo cordial ambientada em solo nacional. Pela natureza do artigo, nenhuma tentativa de aplicação dos pressupostos da TRA à realidade nacional é feita. Da mesma forma, o estudo de Torres e Faria (2008) toca apenas de forma indireta na TRA, como possível explicação para a relação entre a "Crença no Mundo Justo" e a homofobia. Não há um teste específico da teoria na realidade brasileira, além de o preconceito analisado não ser o racial. Dahia (2008), analisando a relação entre racismo e humor no Brasil, cita o racismo aversivo, juntamente com o moderno e o sutil, como manifestações encobertas de racismo. O termo aparece somente uma vez no artigo, de forma que a TRA não é utilizada na análise teórica da autora sobre o racismo brasileiro.

Nossa busca textual estabeleceu como critério de inclusão publicações nacionais. Entretanto, encontramos um artigo publicado em língua inglesa, no *European Journal of Social Psychology*, que aplica os princípios teóricos e metodológicos da Teoria do Racismo Aversivo (TRA) para entender o racismo em crianças brasileiras. As autoras demonstram que crianças de 5 a 7 anos apresentam padrões de discriminação racial diferente dos encontrados em crianças de 8 a 10 anos. As crianças mais velhas discriminam pessoas negras em tarefas de distribuição de recompensa apenas quando a aplicadora (uma pesquisadora negra) está ausente e a tarefa lhe parece "escondida", configurando a falta de saliência da norma antirracista. Para as crianças mais novas, a expressão de racismo contra os negros não foi afetada pela presença ou ausência da pesquisadora. Na conclusão do estudo, as autoras destacam a relação entre idade e aceitação explícita das normas antirracistas (França & Monteiro, 2013).

Possíveis encaixes e desencaixes das explicações de nível individual da psicologia social para o racismo no Brasil

A busca acerca da utilização, pelos pesquisadores nacionais, de três das mais importantes teorias da psicologia social de nível intraindividual revela, primeiramente, que afirmações do tipo "esses modelos europeus e norte-americanos não se encaixam na realidade do racismo do Brasil" são, no mínimo, imprecisas. Na prática, os tais modelos mais individuais nem sequer foram testados ou, quando muito, foram testados de forma errática. Encontramos apenas quatro trabalhos que empregaram as teorias citadas: dois para a Teoria da Personalidade Autoritária e dois para a Teoria da Dominância Social. Os dois sobre a TPA não eram empíricos e, portanto, não testaram os pressupostos da teoria à nossa realidade. Os outros dois, ainda que empíricos, não relacionaram a orientação para a dominância com o preconceito ou racismo, uma vez que consideraram preconceito e dominância como sinônimos. Pratto et al. (1994), na validação da escala de ODS, utilizam o preconceito racial como variável convergente e defendem que o fenômeno é mais um dos mitos legitimadores para a manutenção das hierarquias entre grupos, juntamente com o nacionalismo, a meritocracia, o elitismo e o conservadorismo. Naquele estudo, as correlações encontradas entre ODS e preconceito racial foram apenas moderadas, variando de 0,42 a 0,65, e não ocorrendo em duas das oito amostras pesquisadas.

Não obstante o seu quase não aproveitamento pela literatura psicossocial nacional, a Teoria da Personalidade Autoritária, a Hipótese do Espírito Fechado e a Teoria da Dominância Social apresentam potencial de leitura do racismo no Brasil, se considerarmos como marcas da nossa formação cultural o elitismo, típico da dominância social; o conservadorismo, o medo da mudança, o etnocentrismo e as lógicas do "sabe com quem você está falando", emblemáticos das personalidades autoritárias e das mentes fechadas. Por que, então, tais teorias foram tão pouco usadas para entender o racismo nacional?

Uma primeira, ainda que muito genérica, resposta advém do pouco desenvolvimento teórico do tema do racismo, sobretudo, na psicologia nacional. O racismo começou a ser analisado pela ciência social no Brasil apenas depois de 1945 (Ianni, 1966). Na psicologia, o interesse é ainda mais recente.

Até 2014, apenas 77 artigos haviam sido publicados sobre preconceito racial, quase nenhum até o ano 2000 (Sacco, de Paula Couto, & Koller, 2016). Todavia, a pouca produção científica não pode ser entendida como causa, mas como consequência de algo mais profundo: a negação do racismo no Brasil, bem expressa no mito da democracia racial de Gilberto Freyre, na década de 1930, e ainda atual nas teses do conservadorismo reacionário emergente no país, que afirma ser o racismo um "mimimi" ou uma narrativa vitimista das minorias (Lima, Barbosa, Araújo, & Almeida, 2020).

Como refere Lilia Schwarcz (2001), o tema da raça foi sempre complexo em um país no qual não existiam regras fixas de descendência biológica que estabeleçam uma linha de cor bem definida. A ausência de tensões raciais mais flagrantes ou abertas é outra marca importante do racismo nacional, destacada por Florestan Fernandes (1966) como "o preconceito de ter preconceito". A própria composição etnográfica da nossa população ajudou a configurar um racismo de caráter mais privado e pouco formalizado, que levou as elites intelectuais e o cidadão comum a confundirem miscigenação com ausência de estratificação, criando o mito da convivência harmoniosa das raças (Schwarcz, 2001). De modo que, aqui, as expressões mais veladas de preconceito e a ideia de que o racismo é sempre um problema do outro – seja da vítima, seja do perpetrador – são traços estáveis e diferenciadores da formação cultural nacional, quando comparada à África do Sul e aos Estados Unidos (Camino, Silva, Machado, & Pereira, 2001; Lima & Vala, 2004a).

Entretanto, as três teorias descritas têm enorme potencial para o entendimento do racismo brasileiro. Luiz Felipe de Alencastro (1998) destaca que, desde o escravismo, desenvolveu-se no Brasil um misto de patriarcalismo rural e urbano com paternalismo nas relações de dominação. Nesse sentido, configura-se um racismo de classe imbricado ao de cor, fenômeno relacionado aos mitos legitimadores da ampliação das desigualdades, previstos na Teoria da Dominância Social. O racismo de classe ou elitismo se expressa nos discursos e práticas das elites econômicas disseminados pela mídia, que associam os pobres à inferioridade intelectual e moral, sendo vistos como incapazes de adotar a ética do trabalho e da eficiência (Souza, 2010). O elitismo, portanto, revela-se em outro mito legitimador proposto pela TDS, o da meritocracia.

Uma leitura do atual racismo nacional à luz da Hipótese do Espírito Fechado pode nos ajudar a entender, em parte, o crescimento e a força do conservadorismo reacionário nos últimos anos. A prevalência de formas de raciocínio concreto, do tipo "pau é pau, pedra é pedra"; a rigidez cognitiva que alimenta a dificuldade para aceitar mudanças e que estrutura certa "nostalgia coletiva" das relações e "coisas" do passado; além da pouca disposição mental (e emocional) para lidar com categorias *fuzzy* ou híbridas, a exemplo das categorias de gênero: tudo isso está na base de várias expressões de racismo no país e estruturam as narrativas da extrema direita emergente, capitaneadas pelo ex-presidente da República (2019-2022), Jair Bolsonaro.

Esse fenômeno pode ser ilustrado a partir da leitura do livro de Antônio Pierucci, *Ciladas da diferença* (1990). A questão da diferença entre as pessoas e os grupos é tratada pela direita política de uma forma muito simples, direta e muito concreta em termos cognitivos: "Os seres humanos não são iguais porque não nascem iguais e, portanto, não podem ser tratados como iguais" (p. 17). Para a esquerda política, entretanto, o discurso sobre as diferenças é mais complexo e muito mais abstrato: "Os seres humanos não são iguais porque não nascem iguais e, portanto, precisam ser tratados como iguais" (Pierucci, 1990, p. 17). Nessa lógica, continua o autor, para a direita, a escolha entre igualdade e diferença é muito mais simples que para a esquerda: esta deve abraçar a diferença, sem renunciar à igualdade; aquela abraça a diferença para legitimar a desigualdade (ver Lima, 2019). Uma das pessoas entrevistadas por Pierucci (1990, p. 17) simboliza essa maior concretude ou rigidez do pensamento da direita de forma exemplar:

> *Iguais?! Que que há, está me estranhando? Fazer o quê? A vida é assim, azar! Tratar como nosso irmão?! Eu trabalhei quarenta anos, não posso ser irmã de vagabundo. O que é isso, está me confundindo por que agora? Porque negro é isso... Todo mundo sabe que há racismo, sempre houve e vai haver até o fim da morte, amém. Negro é negro, branco é branco, azul é azul, vermelho é vermelho. E preto é preto. Não vem que não tem. Essas demagogias é bom é em época de eleição. Isso é demagogia, isso é falsidade, isso é falta de religião católica apostólica romana. (Dona Mariauta, 58 anos, São Paulo, 1980)*

Outra leitura atual do racismo nacional, agora à luz da Teoria da Dominância Social (TDS), permitiria analisar o efeito da recente ascensão a certas esferas de consumo de estratos mais pobres da população, fenômeno intensificado entre 2002 e 2010, e que desencadeou reações racistas/elitistas de desprezo por parte dos mais bem instalados nas posições de poder, que viram o risco de ameaça à sua dominação, como bem expresso nesta passagem:

> *Com a "democratização" de um conjunto de práticas de consumo, tais como o uso do transporte aéreo, a realização de viagens ao exterior, a circulação em shopping centers, a posse de automóvel, entre outras, consideradas até então como uma propriedade exclusiva das elites e um privilégio restrito às classes abastadas, verificou-se a produção de reações contundentes e violentas – da ordem da violência simbólica (Bourdieu, 2010) – por parte dos grupos dominantes. (Voigt & Pagani Junior, 2019, p. 230)*

Na mesma linha histórica, agora em consonância com os postulados da Teoria da Personalidade Autoritária, Lilia Schwarcz (1998) afirma que a miscigenação se entranhou às necessidades de estratificação para produzir no país um "sistema enraizado de hierarquização social que introduziu gradações de prestígio com base em critérios como classe social, educação formal e origem familiar e em todo um *carrefour* de cores e tons" (Schwarcz, 1998, p. 205). Na mesma direção analítica, Roberto DaMatta, em uma perspectiva antropológica, consegue integrar a necessidade de hierarquização com outro aspecto peculiar das relações sociais no Brasil, o informalismo. Para DaMatta (1997), paralelamente ao carnaval, ao samba e ao futebol, que atuam como rituais de inclusão, operaria o rito excludente do "sabe com quem está falando?". Tal rito fica escondido de nossa imagem (e autoimagem) como um modo indesejável de ser brasileiro, pois que revelador do nosso formalismo e da nossa maneira velada (e até hipócrita) de demonstração dos mais violentos preconceitos" (DaMatta, 1997, p. 188).

O "sabe com quem está falando?" é emblemático das possibilidades explicativas de ambas as teorias, a da personalidade autoritária e a da dominância social, em relação ao racismo nacional. Ele refere uma sociologia dos lugares demarcados, que se expressa em variantes como: "Quem você pensa que é?" "Onde você pensa que está?", "Recolha-se à sua insignificância!", "Vê se te enxerga!", "Você não conhece o seu lugar?" etc. (DaMatta, 1997, p. 203). Nas palavras do autor, o rito atua para o estabelecimento (ou restabelecimento) da ordem e da hierarquia sociais. Entretanto, tal marcador hierárquico se expressa de maneira envergonhada, pois remete a algo indesejável na cultura brasileira: situações conflitivas, quando "a sociedade brasileira parece avessa ao conflito" (p. 189).

Portanto, é como se, no Brasil, a busca pela opressão e domínio social operasse em um nível diferente do que opera nas sociedades que criaram a teoria. No nosso país, ela seria mais velada, atuando apenas em "situações de rua", quando falham o jeitinho e a cordialidade, e se torna imperativo estabelecer, demarcar ou repor as hierarquias de posição social:

> *Finalmente, descobrimos que tudo que diz respeito ao inclusivo é por nós manifestamente adotado. O contrário é válido para o exclusivo, frequentemente escondido ou falado em voz baixa. Assim o carnaval é gritado e o "sabe com quem está falando?" escondido. (DaMatta, 1997, p. 192)*

Esse trânsito do racismo nacional, entre um *ethos* paternalista, marcado pela cordialidade, para outro, mais patriarcal, marcado pela dominância aberta, foi demonstrado por Lima, Neves e Silva (2014), em um estudo feito sobre atitudes em relação às cotas raciais de acesso às universidades no Brasil. Os autores observaram que, em 2005, antes da implantação das cotas em uma universidade pública, a maior parte dos contrários a tal política justificava sua posição alegando que elas discriminavam os negros, ferindo seu senso de competência; em 2010, quando as cotas raciais de acesso foram implantadas, os contrários alegaram, sobretudo, que elas discriminavam os brancos que haviam obtido notas mais altas. O subaproveitamento pela psicologia nacional do potencial de "encaixe" da TDS para entendimento do racismo no Brasil pode ser explicado, em parte, pelo caráter escamoteado que a orientação para a dominância social toma em uma sociedade marcada pelo informalismo e pela cordialidade.

Serão referidos, a partir de agora, alguns potenciais "desencaixes" das três teorias; desencaixes estes derivados das especificidades da nossa realidade de relações racializadas. Tanto a Teoria da Personalidade Autoritária (TPA) quanto a Hipótese do Espírito Fechado (HEF) partem do pressuposto da categorização das pessoas dentro de grupos e do etnocentrismo conexo a essa ação. Todavia, o sistema de categorizações raciais no Brasil se diferencia daquele dos Estados Unidos (contexto dessas teorias), em três esferas principais: (i) ser branco ou negro no Brasil não significa pertencer a um tipo de casta, sem mobilidade, como nos EUA; (ii) nos EUA, as classificações raciais se baseiam na ascendência; e (iii) a percepção dos fenótipos de cor no Brasil é dinâmica, configurando uma espécie de pigmentocracia que associa percepção de cor com status socioeconômico (Harris, Consorte, Lang, & Byrne, 1993).

Esses aspectos, consubstanciados pelo branqueamento e pela miscigenação, tornam, para o cidadão comum de forma geral, mais difícil a tarefa de definir quem é branco e quem é negro no Brasil. Nas palavras de Schwarcz, no Brasil, estamos diante de um racismo diferente:

> *Do outro lado, no caso brasileiro, a mestiçagem e a aposta no branqueamento da população geraram um racismo à la brasileira, que percebe antes colorações do que raças, que admite a discriminação apenas na esfera privada e difunde a universalidade das leis, que impõe a desigualdade nas condições de vida mas é assimilacionista no plano da cultura. (1998, p. 184)*

Entretanto, é importante referir que, para a polícia nacional, a classificação racial é uma tarefa fácil, resolvível em frações de segundo, como demonstram Lima, Araújo e Poderoso (2018). Em estudo utilizando o *First person shooter task* desenvolvido por Correl et al. (2002), os autores verificam que policiais militares, com 3 meses de ingresso na polícia e outros com mais de 10 anos de atuação, atiram mais rapidamente em uma pessoa negra armada do que em uma pessoa branca armada, e demoram mais para decidir não atirar em um negro desarmado do que em um branco desarmado.

Nessa direção, a cognição social propõe um conceito que nos ajuda a entender o desencaixe da TPA e da HEF para entender o racismo nacional.

Trata-se da noção de *entitatividade*. O conceito foi introduzido por Donald Campbell, na década de 1950, para referir estratégias usadas na percepção social para definir se uma coleção de indivíduos é um grupo ou mero agregado. Quando um determinado agregado social é percebido como possuindo *unicidade*, *consistência*, *coerência* e *organização*, diz-se que ele é *entitativo*. Segundo a teoria da entitatividade, os grupos e as categorias variam em graus de unicidade, dos mais entitativos, como a família, aos mais difusos, como a categoria social "seres humanos".

Grupos mais entitativos geram impressões sociais mais homogêneas e organizadas sobre seus membros, de forma que a entitatividade é equivalente à noção de "grupicidade" ou *groupness* (Hamilton & Sherman, 1996). A percepção de entitatividade de um agregado é fundamental nos processos de categorização social das pessoas em grupos e categorias, tornando-se condição necessária para o etnocentrismo, pedra-de-toque das teorias da personalidade autoritária e do espírito fechado. No nosso país, diferentemente dos Estados Unidos, os negros nunca foram categorizados pela regra "uma gota de sangue negro faz de alguém um negro":

> *No Brasil as classificações seguem diferenças de aparência física e a interação entre uma variedade de status adquiridos e adscritos [...], isto parece significar, para alguns autores que não se pode falar nem mesmo de grupos raciais no Brasil, mas apenas de grupos de cor. (Guimarães, 1999, p. 42)*

Como refere Schwarcz (1998), o branqueamento afetou de forma definitiva o racismo nacional, tornando as categorizações raciais situações efêmeras, passageiras e voláteis. Em tal contexto, a falta de entitatividade na percepção social da categoria "negros" no Brasil implicou também no essencialismo que se vincula a esse fenômeno. O essencialismo subjetivo é definido como uma tendência a explicar os traços superficiais de uma categoria em termos de características fundamentais de "natureza", que fazem o "ente" ser o que é. O essencialismo, que é facilitado pela entitatividade, é indispensável ao processo de racialização, que está na base do racismo (Yzerbit, Rogier, & Fiske, 1998).

Em tal cenário de relativa falta de entitatividade da categoria minoritária, as lógicas etnocêntricas, muito provavelmente, seguiram caminhos mais complexos, integrando em um único combo raça, cor, status e classe social. Nas palavras de Antônio Sérgio Guimarães (1999), a democracia racial usou a distorção "branco é melhor e preto é pior" para afirmar que, quanto mais próximo do branco, melhor. Nesse cenário, introduziu-se a lógica de entendimento das categorias sociais como contínuas e não discretas, como inclusivas dos negros, ainda que nas periferias simbólicas e materiais, e não como mutuamente excludentes e essencializadas, como demandaria uma noção de entitatividade. Esse fenômeno é evidente no colorismo, que associa tons de pele com status em um sentido *lato* (Francisco, 2018), e na "pigmentocracia" de Harris (citado em Degler, 1971, p. 116), que integra tons de pele com estatuto socioeconômico, como se vê no Quadro 1.1.

Quadro 1.1 – A pirâmide das cores e classes do Brasil

Um negro é qualquer um dos seguintes:	*Um branco muito pobre* *Um mulato muito pobre* *Um mulato pobre* *Um negro muito pobre* *Um negro pobre* *Um negro medianamente rico*
Um branco é qualquer um dos seguintes:	*Um branco muito rico* *Um branco medianamente rico* *Um branco pobre* *Um mulato muito rico* *Um mulato medianamente rico* *Um negro muito rico*

Fonte: Degler, 1971, p. 116.

Como vimos, as três teorias mais gerais do racismo apresentam alguns "encaixes", mas também "desencaixes" na análise das relações racializadas no Brasil; estando, principalmente, não aproveitadas, uma vez que quase não foram usadas pela psicologia nacional. O que dizer então da teoria específica, a do racismo aversivo (TRA). Será que ela favorece a compreensão do racismo no Brasil, ou sua ambiência estadunidense não responde às nossas peculiaridades? O estudo de França e Monteiro (2013) indica a possibilidade de leitura do racismo nacional pela TRA. Como referido, o racismo nacional foi marcado desde sua origem pelo caráter mais disfarçado:

> *O que há de mais evidente nas atitudes dos brasileiros diante do preconceito de cor é a tendência a considerá-lo como algo ultrajante (para quem sofre) e degradante (para quem o pratica). Portanto, o que fica no centro das preocupações, das apreensões e, mesmo, das obsessões é o preconceito de ter preconceito. (Fernandes, 1966, p. 33)*

Aqui, bem antes que nos Estados Unidos da TRA, surgiu um "racismo sem racistas". De forma que, por ser a TRA a principal teoria do racismo formulada pela psicologia social que considera os aspectos de "aversão" emocional a qualquer manifestação (pública) de atitude hierarquizante e excludente do outro, que ameace a autoimagem de pessoa igualitária do indivíduo, ela tem enorme potencial de encaixe para a análise do racismo nacional, o qual, como vimos, adota processos de hierarquização excludente de forma disfarçada, quando as normas sociais que definem a relação com o outro exigem (DaMatta, 1997).

Talvez, um possível desencaixe da TRA no Brasil seja a forma como a noção de igualdade, central para a teoria, é concebida aqui e nos Estados Unidos. Nos EUA, predomina um sistema de relações raciais mais fechado e segregacionista, pautado no princípio "iguais, mas separados" (DaMatta, 1997). No Brasil, predomina a lógica do "desiguais, mas juntos", que, como referido, impõe a desigualdade nas condições de vida, ao tempo em que propõe a integração cultural (Schwarcz, 1998). Nas palavras de Edward Telles, em um livro que compara os racismos nos dois países, os Estados Unidos se caracterizariam por relações mais verticalizadas, embutidas, de exclusão econômica; no Brasil, as relações tenderiam ser mais horizontalizadas, implicando na miscigenação e nas formas de sociabilidade das atitudes raciais (Telles, 2004). Entretanto, as diferenças entre os dois tipos de racismos, nacional e estadunidense, têm-se tornado cada dia mais tênues, sobretudo depois da implantação das políticas de ação afirmativa no Brasil e da expansão dos movimentos ultraconservadores (Lima, 2019), o que aumenta o poder de leitura da TRA do racismo nacional, não obstante suas limitações.

Conclusão

A proposta deste capítulo foi analisar o poder explicativo que teorias clássicas e modernas da psicologia social têm para o entendimento do racismo no Brasil. Nele foram consideradas quatro teorias de nível intraindividual, sendo três mais gerais: a Teoria da Personalidade Autoritária, a Hipótese do Espírito Fechado e a Teoria da Dominância Social; e uma mais específica do racismo: a Teoria do Racismo Aversivo. As duas primeiras explicações gerais datam das décadas de 1950 e 1960. A teoria da dominância foi formulada na década de 1990, e a do racismo aversivo na década de 1980. Não obstante o longo tempo de existência das teorias, variando entre 30 e 70 anos, e o fato de algumas delas estarem entre as mais importantes teorias psicossociais (Pettigrew, 2016), nenhuma foi adaptada para análise empírica do racismo no Brasil, pelo menos foi o que indicou nossa busca nos trabalhos disponíveis nos Periódicos Capes, o mais importante repositório científico do país.

Todavia, como argumentamos, tais teorias, sobretudo a da dominância social, seguida da teoria da personalidade autoritária, do racismo aversivo e da hipótese do espírito fechado, apresentam um potencial analítico do racismo nacional que não deve ser ignorado. O patriarcalismo que marca nossa formação cultural (Alencastro, 1998), aliado ao paternalismo impregnado nas raízes da nossa cordialidade enquanto povo (Holanda, 1936/1984), que são postulados importantes de algumas dessas teorias, definem, em larga medida, as expressões do chamado "racismo cordial" no Brasil (Turra & Venturi, 1995).

Vimos que a dimensão do etnocentrismo, condição necessária para a expressão do racismo na TPA e na hipótese do espírito fechado, está menos presente no racismo brasileiro. O racismo nacional não é etnocêntrico como o de europeus e norte-americanos. O negro, no Brasil, não é um exogrupo, no sentido estrito do termo, sua alteridade não é da lógica do externo, mas é uma alteridade de dentro:

> *Referida àqueles que, marcados com o selo da diferença, seja ela física (cor, raça, deficiência etc.) ou ligada a uma pertença de grupo (nacional, étnico, comunitário, religioso etc.), se distinguem no seio de um conjunto social ou cultural e podem aí ser considerados como fonte de mal-estar ou de ameaça. (Jodelet, 1998, p. 47).*

A miscigenação, o branqueamento, o colorismo e a pigmentocracia, enfim, a falta de uma definição estrita, como uma regra de descendência, de quem é negro no Brasil, dificultam a criação cognitiva de categorias sociais entitativas, com fronteiras de inclusão e exclusão bem delimitadas, condição necessária para o etnocentrismo. As fronteiras mais *fuzzy* entre brancos e negros no Brasil produziram aqui um racismo peculiar, mais velado e sofisticado que as formas tradicionais europeias e anglo-saxônicas (Lima & Vala, 2004a).

Neste capítulo, realizamos tão somente um exercício interpretativo, sem dados empíricos, uma vez que quase não foram encontrados trabalhos na psicologia social nacional que testassem as explicações de nível intraindividual na nossa realidade. A nossa principal conclusão é, portanto, a de que não podemos afirmar que as teorias de nível mais individual da psicologia social norte-americana não são capazes de "ler" o racismo do Brasil, uma vez que elas ainda estão por ser testadas.

No próximo capítulo, analisamos as aplicações das teorias psicossociais de nível interindividual à nossa realidade de relações racializadas.

2. O racismo e as explicações de nível interindividual: modelos cognitivo-afetivos

No Capítulo 1, discorremos sobre explicações para o racismo cujo foco de análise predominante são os processos psicológicos que acontecem nos indivíduos, a exemplo de fatores de personalidade autoritária, *mindsets* e orientação afetiva para o controle. Foram consideradas teorias clássicas da psicologia social, a exemplo da Teoria da Personalidade Autoritária, da Hipótese do Espírito Fechado e da Teoria da Dominância Social, e uma importante teoria moderna de análise do racismo, a teoria do Racismo Aversivo. A principal conclusão foi a de que nenhum dos modelos teóricos referidos foi utilizado, seja de forma replicada, seja de forma adaptada, para o estudo do racismo no Brasil. Como nos lembra Antônio Sérgio Guimarães (1999), sumarizando visões exógenas sobre o racismo nacional, no Brasil a "raça" é mais uma questão de foro individual e de preferência pessoal do que de filiação coletiva. Aspectos das relações íntimas, a mais poderosa forma de contato interindividual, decorrentes da miscigenação cultural e racial, deram ao racismo nacional marcas próprias (Schwarcz, 1998). Neste segundo capítulo, analisamos o emprego de teorias psicossociais de nível interindividual para o entendimento do racismo no Brasil.

As explicações de nível interindividual

Doise e Valentim (2015) definem o nível interindividual como aquele em que os indivíduos são considerados intercambiáveis; de forma que as explicações principais dos fenômenos psicológicos decorrem das interações interpessoais. No seu estudo original, Doise (1980) constata que, dentre os 142 artigos publicados nos sete primeiros volumes do *European Journal of Social Psychology*, predominavam as explicações em termos de processos interindividuais, citados em 66 artigos, dos quais mais da metade basearam suas explicações apenas nesse nível. Outra constatação do autor é a de que poucos estudos de nível interindividual faziam articulações ou referências aos níveis intraindividual e, menos ainda, aos níveis posicional e ideológico. Nas palavras do autor, "é quase como se se presumisse que as teorias e modelos deste nível são mais autossuficientes, que os indivíduos nos laboratórios constituem uma realidade e suas interações não necessitam de outras explicações" (Doise, 1980, p. 220).[1] Dentre as teorias situadas no nível interindividual, estão as da agressão, da aprendizagem social, da comparação social e das redes de comunicação.

No âmbito específico dos estudos sobre racismo na psicologia social, as teorias ou explicações generalistas de nível interindividual mais frequentemente adotadas são a Hipótese da Frustração/Agressão (Dollard et al., 1939; Hovland & Sears, 1940) e a Teoria da Aprendizagem Social (Bandura, 1978). Há ainda explicações específicas, focadas no entendimento exclusivo dos preconceitos e do racismo, a exemplo da Hipótese do Contato de Gordon Allport (1979) e, mais recentemente, a Teoria do Racismo Ambivalente (Katz, Wackenhut, & Hass, 1986). Em seguida, apresentamos os pressupostos dessas teorias para discutirmos se e como elas foram usadas pela psicologia para o entendimento do racismo no Brasil, considerando seus potenciais de leitura do fenômeno.

1 No original: "It is almost as if it is assumed that theories and models at level 2 are more self-sufficient, that individuals in the laboratory constitute a reality and that their interaction needs no other explanation".

A hipótese da frustração-agressão

Em 1939, John Dollard e seus colegas pesquisadores do Instituto de Relações Humanas da Universidade de Yale, nos Estados Unidos, publicaram uma monografia de grande impacto cujas ideias centrais já estavam impressas em um texto de 1938. A formulação original da Hipótese da Frustração-Agressão (F-A) afirma que "a ocorrência de comportamento agressivo sempre pressupõe a existência de frustração e, na direção inversa, a existência de frustração sempre leva a alguma forma de agressão" (Dollard, Doob, Miller, Mowrer, & Sears (1939, p. 1).[2]

Rapidamente, o livro despertou grande interesse, tanto que sete artigos foram publicados sobre ele em uma edição especial do *Psychological Review*, em 1941 (Berkowitz, 1989). A Hipótese da F-A surge de uma confluência entre conceitos da psicanálise freudiana, a exemplo de repressão, deslocamento e catarse, com conceitos do behaviorismo radical de Skinner, a exemplo de estímulo e punição. Mais tarde, ela foi também influenciada pelo cognitivismo (Breuer & Elson, 2017).

Na sua formulação original, a hipótese da frustração-agressão propunha uma definição comportamentalista da frustração, não a considerando como decorrência da experiência emocional de se "sentir frustrado", mas como uma interrupção na ocorrência de uma resposta (comportamento) dirigido a um objetivo que o organismo se esforça para alcançar. Dessa forma, a frustração é entendida como um evento, ao invés de um estado afetivo. A agressão, por sua vez, é definida como qualquer sequência de comportamento cujo objetivo é causar dano à pessoa a quem é dirigido (Dollard et al., 1939).

A princípio, havia uma certa universalidade na fórmula proposta, expressa nos seguintes termos: (i) toda agressão é causada por uma frustração e (ii) a frustração sempre leva à agressão. Mais tarde, tal formulação foi muito criticada e revista por seus proponentes. De acordo com Miller (1941), apenas a segunda parte da definição é questionável, por duas razões principais. Primeiro, porque faz supor que a frustração não gera outras consequências além

---

2 No original: "the occurrence of aggressive behavior always presupposes the existence of frustration and, contrariwise, that the existence of frustration always leads to some form of aggression".

da agressão. Segundo, porque a afirmação não faz distinção entre a instigação à agressão e a ocorrência real dela, ignorando a possibilidade de que outras respostas comportamentais possam ser dominantes e inibir a ocorrência de atos violentos. Os autores sugeriram, então, que tal limitação poderia ser superada considerando-se que a frustração produz instigações para vários tipos de respostas diferentes, dentre as quais a agressão (Miller, Sears, Mowrer, Doob, & Dollard, 1941).

A relação entre a Hipótese da Frustração-Agressão e o preconceito é referida por John Dollard, em um texto de 1938, quando afirma que o preconceito racial ocorre em duas situações distintas: em uma delas, o antagonismo contra os outros é expresso de forma irracional; na outra, é racional, refletido, ativado em defesa de uma posição na ordem econômica ou social. O autor propõe que, na psicologia social, existe uma subestimação da força da frustração dentro dos grupos de pertencimento. A frustração desperta hostilidade contra membros do próprio grupo que são valorizados, tal antagonismo não se extingue mesmo quando não é permitido pelo grupo de pertencimento. Como as agressões socialmente permitidas não são suficientes para drenar as tensões produzidas pelas frustrações, os indivíduos parecem viver em constante pré-disposição para agredir e assim o fazem quando existe qualquer falha no controle social, como nos casos de depressão econômica.

O preconceito racial seria impactado por, pelo menos, dois tipos de respostas agressivas: a agressão direta e a agressão indireta. A direta é aquela forma de agressão na qual o organismo frustrado localiza o alvo da sua frustração e o agride para controlar ou compensar a frustração. Esse seria o caso da agressão dos brancos contra os negros em situações de competição no mercado de trabalho ou, algumas vezes, de cidadãos autóctones contra os imigrantes: "A competição real e a frustração levam à insegurança, a insegurança faz emergir a agressão, cuja função é restaurar o equilíbrio da situação" (Dollard, 1938, p. 18). Nesse caso, constrói-se uma imagem do membro do exogrupo como hostil, impuro e amoral, enfim, merecedor do antagonismo contra ele. A agressão indireta no preconceito racial é aquela que é deslocada do alvo fonte da frustração. Geralmente, ocorre quando a resposta agressiva contra alguém do próprio grupo, responsável pela frustração, que não pode ser atacado pelo seu status ou pelo medo de enfrentá-lo, é contida ou reprimida. Nessas situações, busca-se um alvo substituto para a agressão, um "bode expiatório", ou ela se desloca para outras ações, tais como falas hostis ou fofocas socialmente permitidas. Os "bodes expiatórios" permitiriam a descarga catártica da agressão sem o risco de sanções (Berkowitz, 1989).

Evidências em favor da Hipótese da F-A apontam que crianças que ficaram muito tempo esperando para ter acesso a brinquedos, quando entram em uma sala para brincar se mostram mais agressivas, quebrando ou arremessando os brinquedos, do que um grupo de crianças que não passou por essa frustração da longa espera (van Lieshout, 1975). Em uma perspectiva mais macrossocial, Hovland e Sears (1940) encontram correlações positivas entre a frustração econômica dos brancos no sul dos Estados Unidos (causada pela queda nos preços do algodão) e a agressão contra bodes expiatórios ou alvos-deslocados (avaliada pelo número de linchamentos de negros entre 1882 e 1930).

A partir da década de 1950, a Hipótese da F-A sofreu uma série de críticas e reformulações para se adequar aos postulados do cognitivismo que passavam a dominar a psicologia social estadunidense. Uma primeira crítica afirma que, ao invés de produzir catarse, a agressão cria um ciclo vicioso de violência. Outros autores propõem que a ocorrência da resposta agressiva devido à frustração depende da forma como o indivíduo significa a situação. Há ainda quem aponte que é a percepção de arbitrariedade ou o caráter injustificável da frustração que determina a resposta agressiva. Finalmente, outras evidências demonstram que o gênero do agressor, o status social do alvo e o anonimato da situação também interferem na relação frustração-agressão (ver Breuer & Elson, 2017 para uma revisão). Para superar essas limitações, Berkowitz (1989) reformula aspectos essenciais da Hipótese da F-A, propondo que as frustrações geram inclinações agressivas apenas quando produzem afetos negativos, os quais, por sua vez, medeiam a relação entre frustrações e inclinações agressivas, ambas entendidas enquanto componentes afetivos e cognitivos.

Entre as décadas de 1950 e 1990, ocorreu um declínio do interesse pela hipótese da F-A. Entretanto, mais recentemente, o interesse ressurge para explicar a relação entre o uso de videogames e a agressão (Marcus-Newhall, Pedersen, Carlson, & Miller, 2000). Nota-se ainda uma ampliação do espectro original da Hipótese da F-A, de um nível interindividual de análise, para explicações de nível macro, sobre agressões em sociedades nas quais a experiência crônica de frustrações leva a uma explosão de agressão e violência, a exemplo de recessões econômicas, falta de acesso a recursos ou a discriminação sistemática contra certos grupos (Breuer & Elson, 2017). Nessa direção, Lever (1976), por exemplo, demonstra a relação entre frustração e racismo contra os negros e outras minorias étnicas na África do Sul. Entretanto, outras teorias começam a destacar elementos mais cognitivos nas explicações para o racismo. Esse é o caso da Teoria da Aprendizagem Social.

A Teoria da Aprendizagem Social

Uma informação importante para justificar a inserção da Teoria da Aprendizagem Social neste trabalho analítico, que à primeira vista parece óbvia, é a de que não nascemos racistas. O racismo é aprendido nos processos de socialização em cada cultura (França & Silva, 2021), manifesta-se em graus variados de uma pessoa para outra, de uma sociedade para outra e de uma época para outra; pode ser sentido e expresso contra grupos com os quais nunca se manteve contato, apenas por "espelhamento" das atitudes dominantes, a exemplo do racismo contra ciganos ou, mais remotamente, contra os maoris da Nova Zelândia e os aborígenes da Austrália. Essas constatações permitem concluir que o racismo, tal qual o antirracismo, são normas sociais, pois resultam dos nossos pertencimentos grupais e das atitudes e crenças dos nossos grupos ou cultura sobre os outros (Sherif, 1967).

As normas são aprendidas socialmente, de forma que a sua relação com o racismo pode ser de recusa ou não aceitação, no caso dos antirracistas; complacência ou mera aquiescência com o antirracismo, no caso daqueles que apresentam expressões mais sutis ou veladas de racismo, como os racistas aversivos; de identificação com a norma antirracista, porque ela é proposta e aceita pelos grupos de referência; e, finalmente, a norma pode ser interiorizada, quando o controle do racismo é tanto interno (do próprio indivíduo), no nível privado de expressão, quanto externo. A interiorização da norma antirracista ocorre nas pessoas verdadeiramente igualitárias (ver Kelman, 1958). Considerando que o racismo é uma norma, as explicações que enfatizam os processos de socialização ou aprendizagens de atitudes e valores nos grupos sociais são estratégicas para a compreensão das suas permanências e mudanças em cada sociedade.

A Teoria da Aprendizagem Social (TAS) é uma das mais importantes abordagens da psicologia social sobre o aprendizado de padrões grupais de julgamento e comportamento. A tese central da TAS é a de que se pode aprender simplesmente observando o comportamento de outras pessoas, as quais por serem significativas para o aprendiz, atuam como modelos a serem imitados (Bandura, 1977). A teoria se baseia na ideia de que aprendemos nas nossas interações com outras pessoas, de modo que, ao observar o comportamento delas, desenvolvemos comportamentos semelhantes, imitando-os. A imitação ocorre, principalmente, quando as experiências de observação são positivas ou incluem recompensas ao comportamento observado. A TAS distingue duas fases do processo: a aprendizagem e o desempenho. Primeiramente, a pessoa aprende um determinado comportamento por observação de um modelo, esta seria a fase de aquisição, na qual a atenção e a memória são fundamentais. Em um segundo momento, a pessoa reproduz o comportamento adquirido, essa seria a fase do desempenho. A distinção das duas fases é importante na medida em que, mesmo tendo aprendido comportamentos observando um modelo, o indivíduo executará o comportamento se perceber que ele foi socialmente reforçado ou incentivado (Leyens & Yzerbyit, 2004). Outros fatores importantes são o prestígio, a cordialidade, a simpatia dos modelos e, principalmente, a semelhança percebida entre ele e o aprendiz, ou seja, seu potencial para gerar identificação social.

De acordo com a TAS, há uma conexão estreita entre a aprendizagem social, o comportamento, os fatores cognitivos e as influências ambientais. Tanto que a TAS é considerada responsável pela construção de uma ponte entre as teorias behavioristas e cognitivistas da aprendizagem, uma vez que integra os conceitos de atenção, memória e motivação (Nabavi, 2012). O indivíduo é percebido como ativo no processo de aprendizagem, sendo capaz de selecionar e organizar suas experiências. Essa visão conduzirá à noção de autoeficácia, de acordo com a qual os padrões de desempenho de um indivíduo, associados com as autoavaliações, fornecem uma direção e um incentivo positivo para as ações futuras. A obtenção de tais padrões aumenta as percepções de eficácia pessoal e o interesse pelas atividades (Bandura, 1979).

A TAS integra os processos behavioristas do condicionamento respondente (que ajudam o organismo a se adaptar ao ambiente) e do condicionamento operante (que analisa as contingências responsáveis pelos comportamentos) tanto com as noções mais cognitivistas de comportamentos governados por regras, as quais podem substituir as experiências diretas com o ambiente, quanto com as de aprendizagem por observação, que é o processo de modelação, responsável pelo comportamento de imitação de modelos (Thyer & Myers, 1998). A TAS vem tornando-se, nas últimas décadas, cada vez mais uma teoria cognitiva da aprendizagem humana, colocando-se como uma das mais influentes no estudo do desenvolvimento (Nabavi, 2012).

Desde o estudo original de Bandura, na década de 1960, no qual se verificou que as crianças agrediram um boneco (João bobo) sem receberem nenhum reforço ou incentivo para tal, apenas imitando um comportamento agressivo que observaram, a teoria tem sido usada para explicar muitos comportamentos. A modelação dos comportamentos resulta da aprendizagem por observação de três tipos básicos de modelos: (i) modelos vivos, representados por um indivíduo real executando ou demonstrando um comportamento; (ii) modelos de instrução verbal, que envolvem descrições e explicações sobre como executar um comportamento; e (iii) modelos simbólicos, referentes a personagens reais ou fictícios exibindo comportamentos em livros, filmes, programas de televisão, mídia online etc. (Nabavi, 2012).

Dentre os vários fenômenos que a Teoria da Aprendizagem Social tem tentado explicar, destacam-se aqueles que se relacionam à violência, seja individual, seja coletiva. Algumas versões da TAS são consideradas como as principais teorias contemporâneas para entendimento do crime. Pratt e colaboradores (2010) realizam uma meta-análise dos testes empíricos da Teoria da Aprendizagem Social, entendida na sua versão de teoria da aprendizagem do comportamento desviante formulada por Akers (1973), para explicar como o crime pode ser influenciado pela observação e imitação de modelos. Foram encontrados 1334 estudos publicados entre 1974 e 2003 que testaram a TAS. O efeito geral da aprendizagem sobre os comportamentos de crime e desvio social foi robusto; sendo a imitação dos comportamentos dos pares uma das variáveis com maior poder explicativo. Miller e Morris (2016), estendendo as análises para o contexto das interações sociais mediadas por computadores, verificam que pares virtuais são tão importantes no aprendizado de comportamentos de desvio tradicional (e.g., infrações no trânsito) e de desvio digital (pirataria), quanto pares de relações face a face.

Outros estudos constatam o efeito da aprendizagem social nos fenômenos associados aos conflitos entre grupos sociais, a exemplo do preconceito e do racismo. Over e McCall (2018) procedem a uma revisão teórica sobre como a aprendizagem social contribui para a origem dos preconceitos em crianças. Os autores observam que preconceito, estereótipos e discriminação podem ser aprendidos observando os outros. A literatura da psicologia do desenvolvimento social tem demonstrado que por volta dos cinco anos de idade as crianças já são capazes de manifestar preferência pelo seu grupo de pertencimento e discriminação contra outros grupos (França & Silva, 2021). Meta-análises envolvendo mais de 45 mil díades de pais e filhos apontam a existência de uma correlação positiva entre as atitudes dos pais e as de seus filhos em relação aos outros grupos, ou seja, pais preconceituosos produzem filhos preconceituosos, sendo o inverso também verdadeiro. Over e McCall (2018) concluem afirmando que, embora seja importante destacar que a aprendizagem social influencia o desenvolvimento do preconceito intergrupal, é fundamental entender como ela o faz e como se vincula a outros fatores.

Na mesma direção dos achados anteriores, Hjerm, Eger e Danell (2018), em um estudo com adolescentes de 13 e 16 anos, constataram correlações positivas e elevadas entre o seu preconceito e o dos seus pares contra imigrantes na Suécia. Os autores analisaram as redes de influência (os adolescentes pesquisados nomeavam até dez amigos das suas redes de pares) e redes de prestígio (os mais indicados dentre os dez citados). Os resultados mostram que o preconceito dos pares afeta o preconceito de cada adolescente ao longo do tempo. Além disso, aqueles com mais prestígio nas redes exerciam maior influência, ainda que os de menor prestígio também tivessem um efeito substancial, sobretudo, porque eles eram os que apresentavam os mais elevados escores de preconceito contra os imigrantes.

A Teoria da Aprendizagem Social enfatiza que podemos apreender e executar comportamentos adquiridos apenas por observação de outros. Ela, portanto, considera que o contato interpessoal é um fator decisivo na definição dos nossos comportamentos. No âmbito da psicologia social, essa ideia já havia sido desenvolvida por Gordon Allport, ainda na década de 1950, na sua formulação da Hipótese do Contato, quando analisou a aquisição dos preconceitos por conformidade com as normas dos grupos:

> *Até mesmo nas famílias em que o amor é dominante sobre o poder, a criança não tem outro modelo de força e de sucesso na vida senão seus pais. Imitando suas condutas e espelhando suas atitudes, ela ganha aprovação e é frequentemente recompensada. Até quando a recompensa não está presente, ela pode, por assim dizer, se sentir mais segura simulando os adultos. Pavonear-se, repreender e odiar, como seus pais, faz a criança se sentir adulta. (Allport, 1954/1979, pp. 293-294)*

Esse mesmo autor desenvolverá, na década de 1950, importante teoria que afetará o processo de segregação racial nos Estados Unidos. Trata-se da Hipótese do Contato.

A Hipótese do Contato

Proposta por Gordon Allport, essa hipótese tem como tese central a crença de que colocar pessoas de grupos diferentes em contato, sob certas condições, é a melhor forma para reduzir a tensão e a hostilidade intergrupal (Brown, 1995). Allport (1954/1979) formula sua hipótese referindo inicialmente que o mero contato com o outro não reduz, e muitas vezes até aumenta o preconceito, pois facilita a competição social. Ele então começa por destacar condições necessárias para que o contato reduza a hostilidade e o preconceito.

O contato envolve um conjunto amplo de aspectos, desde os mais quantitativos, a exemplo da duração, frequência e intensidade; até os mais qualitativos, relacionados às avaliações dos efeitos do contato. O contato também envolve aspectos do poder e do status dos grupos envolvidos, sendo possível haver uma combinação de díades com membros de maiorias ou minorias sociais com status social e poder (capacidade de controle do outro) iguais ou diferentes. Allport (1979) destaca ainda que o contato pode acontecer em relações de competição ou de cooperação; em atmosferas sociais de hierarquia ou de igualdade entre as partes; envolvendo personalidades mais agressivas e dominantes ou mais tolerantes. Outro fator que interfere no contato é o espaço ou esfera social onde ocorre: se é casual, residencial, ocupacional, político, recreativo, dentre outros.

Na sua análise, Allport (1979) apresenta um conjunto de evidências dos efeitos do contato entre brancos e minorias étnicas nos Estados Unidos, demonstrando, primeiramente, que a mera familiarização com a cultura e história das minorias sociais nas escolas já pode ser capaz de reduzir a intolerância e despertar amizades intergrupais. Em seguida, demonstra que o contato residencial, isto é, morar nos mesmos bairros e residências universitárias que membros de minorias, tem efeitos ambivalentes sobre a hostilidade entre grupos; pois, ao passo que reduz a estereotipia (por exemplo, achar que eles são pouco higiênicos, que cheiram mal, que são desonestos), aumenta a discriminação e o medo de casamentos intergrupais. Allport conclui que a integração residencial só é efetiva para redução do preconceito se propiciar o aumento das redes de comunicação entre os grupos. Em relação ao contato ocupacional ou profissional, as evidências demonstram que contatos com negros de status profissional elevado reduzem o preconceito dos brancos em 64% dos casos, contra 5% para encontros com profissionais negros pouco qualificados. Uma importante variável adicionada pelo autor para aumento da efetividade do contato na redução do preconceito foi a existência de objetivos comuns entre membros de grupos diferentes. Analisando casos emblemáticos de contatos bem-sucedidos, como os que ocorrem no exército e nos esportes, Allport (1979) demonstra que quando membros de grupos diferentes estão juntos, em uma equipe, com um mesmo objetivo, o preconceito se reduz significativamente. A Hipótese do Contato é assim sistematizada por Allport (1979):

> *O preconceito, a menos que profundamente enraizado na personalidade do indivíduo, pode ser reduzido pelo contato entre pessoas com o mesmo status em uma situação em que, maioria e minoria, possuem objetivos comuns. O efeito positivo do contato é ampliado se houver apoio institucional para sua ocorrência (i.e., por leis, costumes ou atmosfera local), e se houver a promoção de interesses e objetivos comuns e a percepção de humanidade compartilhada entre os membros dos dois grupos. (p. 281)*

Pettigrew (1971) sistematiza as mais importantes condições propostas por Allport para a efetividade do contato em quatro: (a) igualdade de status entre os grupos dentro da situação, (b) objetivos comuns, (c) cooperação e (d) suporte de autoridade institucional para o contato. Brown (1995), por sua vez, integra a essa lista a familiaridade potencial (*acquaitance potential*), entendida como a frequência, duração e proximidade dos contatos, em substituição aos objetivos comuns.

Nas décadas seguintes à primeira publicação do livro de Allport (1954), a Hipótese do Contato (HC) teve enorme impacto nos projetos políticos de integração racial nos Estados Unidos, interferindo de forma decisiva na dessegregação escolar em vários Estados. A importância crescente da HC fez surgir um conjunto de estudos, em diferentes contextos, sobre os efeitos do contato na redução do preconceito. Meta-análises desses estudos foram sendo feitas ao longo dos anos (Pettigrew & Tropp, 2006, 2008, 2011). Elas cobriram 515 estudos, a maioria sobre contatos interétnicos, envolvendo 713 amostras, com mais do que 250 mil participantes, entre os anos de 1941 e 2000. Os resultados gerais mostram uma correlação média de -0,21, indicando que quanto mais contato, menos preconceito.

A força e a universalidade dos achados levaram à suposição de um processo básico subjacente ao contato: a familiarização. À medida que aumenta a familiaridade entre pessoas diferentes, também cresce a positividade da relação, à semelhança do efeito da mera exposição descoberto por Zajonc na década de 1960. De forma geral, os estudos revelam a existência de dois mediadores que interferem na relação entre contato e preconceito: a ansiedade em relação à interação intergrupal e a empatia ou a tomada da perspectiva do outro. Ou seja, o contato reduz a ansiedade e aumenta a empatia, por isso, reduz o preconceito (Pettigrew, 2016).

Análises mais recentes apontam a solidez atual dos efeitos do contato na redução da hostilidade intergrupal. Pettigrew, Tropp, Wagner e Christ (2011) procedem a uma revisão narrativa que responde a um conjunto de importantes perguntas sobre a relação entre contato e preconceito. A primeira se refere à direção causal da relação: "sou menos preconceituoso com outros porque mantive contato ou mantive contato porque sou menos preconceituoso?". Os autores relatam um estudo longitudinal que demonstra que ambos os caminhos causais operam com força aproximadamente igual. Em seguida, indagam se as meta-análises que demonstram os efeitos positivos do contato não são afetadas pelo viés de publicação, ou seja, são publicados os textos que confirmam hipóteses. Pettigrew e colaboradores (2011) verificam que, em estudos não publicados, as correlações médias entre contato e redução do preconceito são ainda maiores. Também constatam que quanto mais rigoroso o estudo, mais robusta a relação entre o contato e a diminuição do preconceito.

Uma terceira questão respondida na revisão de Pettigrew et al. (2011) é a de que o contato é capaz de reduzir o preconceito mesmo quando não cumpridas as condições ideais de Allport (1954), ainda que, sob aquelas condições, os efeitos de redução sejam maiores. Outra questão analisada, se os efeitos positivos do contato se aplicavam a outras minorias, além de grupos étnicos e raciais, é também respondida. Vários estudos revisados verificam que o contato reduz o preconceito contra homossexuais e pessoas com deficiência física e mental. Tais evidências levam à conclusão de que manter contato em condições ideais com uma minoria social, reduz o preconceito contra outras minorias, produzindo um "efeito de desprovincialização", isto é, passar a gostar e confiar em um grupo externo e se tornar menos provinciano em relação ao seu próprio grupo.

Abrams (2010) sistematiza os tipos de contato quando propõe a existência de três das suas formas principais nas relações entre grupos sociais: contato direto, contato estendido e contato imaginado. O contato direto é aquele em que ocorre o compartilhamento mútuo de experiências e pontos de vista na interação com o outro. Uma forma ideal de contato direto é aquela que ocorre nas relações de amizade. Nessa forma de contato, quando o amigo é visto como típico de seu grupo de pertencimento, é provável que se generalize a atitude positiva em relação ao membro para o seu grupo como um todo. A amizade é capaz de gerar processos de autorrevelação e autoconhecimento, permitindo o surgimento da confiança e reduzindo a ansiedade nas interações com membros do grupo externo. No contato estendido ou indireto, a interação com um membro do exogrupo (grupo do outro) é mediada pela interação com um membro do próprio grupo de pertencimento, ou seja, um amigo do endogrupo (meu grupo) é amigo de um membro do exogrupo. Tal relação é também capaz de reduzir a própria distância psicológica em relação ao membro do exogrupo e promover atitudes mais positivas. Finalmente, no contato imaginado, as pessoas são levadas a imaginar que entrarão em contato positivo com os membros de exogrupos relevantes. Estudos demonstram que essa simples ação funciona para redução de estereótipos e preconceitos, pois, ao se preparar mentalmente para uma interação potencial, as pessoas acabam por individualizar e humanizar o outro (Abrams, 2010).

Os efeitos do contato estendido sobre a redução do preconceito foram testados em uma meta-análise de 115 estudos por Zhou, Page-Gould, Aron, Moyer e Hewstone (2018). Os resultados, referentes a mais de 47 mil participantes, indicam que o contato estendido reduziu o preconceito e a hostilidade entre grupos, mesmo quando era controlado o efeito da amizade direta com membros do exogrupo. Cao e Lin (2017), por sua vez, estendem os efeitos do contato para interações mediadas por computador. Estudando os efeitos do contato entre chineses e pessoas de Hong Kong, verificam que interagir pelo computador ou por meio de troca de mensagens textuais com um estudante de Hong Kong, reduziu o preconceito de estudantes chineses. As interações mediadas por vídeo tiveram um efeito ainda mais forte na redução do preconceito contra o representante do exogrupo que aparecia na imagem. No entanto, as interações baseadas em trocas de mensagens textuais foram mais efetivas para redução do preconceito contra o grupo como um todo. Na Figura 2.1, podemos ver uma sistematização das evidências de pesquisa sobre como o contato intergrupal pode reduzir o preconceito.

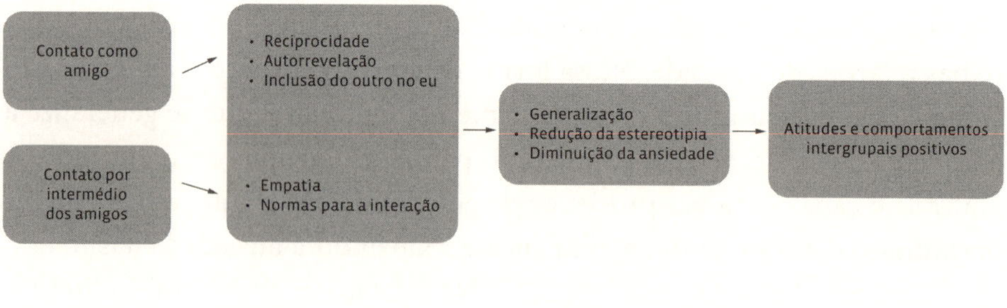

Figura 2.1 – Caminhos do contato intergrupal na redução do preconceito

Fonte: adaptada de Abrams, 2010, p. 35.

Cinquenta anos depois da sua publicação original, a hipótese de Allport foi reavaliada por Stephan e Stephan (2005), que concluíram que ela se aprimorou e se integrou ao ambiente das escolas e do trabalho, permitindo o desenvolvimento de modelos de relações intergrupais, tais como: a educação multicultural, o treino para a diversidade, os diálogos intergrupais e a aprendizagem cooperativa em grupos. Dessa forma, a hipótese do contato permanece sendo uma das mais efetivas formas de redução da hostilidade intergrupal, tanto que os mais atuais modelos de combate ao preconceito propostos pela psicologia social se baseiam nela, a exemplo do modelo da identidade comum, da descategorização e da recategorização (Hogg & Abrams, 2001). Entretanto, uma das principais críticas à Hipótese do Contato é a de que, por ser uma estratégia de nível interpessoal de relação, seus achados não são necessariamente generalizáveis para o campo das relações intergrupais (Hewstone & Brown, 1986).

Em seguida, analisamos uma outra teoria, também de nível interindividual, que aborda, de forma específica, um sentimento que geralmente acontece no contato com pessoas pertencentes a minorias estigmatizadas, a ambivalência. Trata-se da Teoria do Racismo Ambivalente.

A Teoria do Racismo Ambivalente

> *Existem, em todo o homem, a todo o momento, duas postulações simultâneas: uma a Deus, outra a Satanás. A invocação a Deus, ou espiritualidade, é um desejo de se elevar; aquela a Satanás, ou animalidade, é uma alegria de se precipitar no abismo.*
>
> (Charles Baudelaire, 1821-1867)

Essa epígrafe nos ajuda a entender um fenômeno que é característica fundamental da existência humana: a ambivalência, ou melhor, a ambiguidade de desejos. Os sentimentos que nutrimos pelos outros são ambivalentes, influenciando as nossas atitudes e comportamentos na vida social (Conner & Sparks, 2002).

Amamos e odiamos alguém, muitas vezes, de forma simultânea, e não necessariamente conflituosa. No campo das atitudes raciais, existe uma teoria específica que trata dos efeitos da ambivalência de sentimentos na expressão do racismo: a Teoria do Racismo Ambivalente (TRA). A TRA foi formulada originalmente por Irwin Katz, Joyce Wackenhut e R. Glen Hass para entender a dualidade de atitudes dos norte-americanos brancos em relação aos negros. Aparentemente, os negros são percebidos como estando em desvantagem social e, ao mesmo tempo, como sendo desviantes da norma social dominante. Isso geraria sentimentos ambivalentes de amizade e simpatia, por um lado, e desprezo e aversão, por outro. Tal dualidade de atitudes/sentimentos estaria baseada sobre um conflito de valores. A sociedade preconiza o valor da igualdade de oportunidades entre as pessoas, da justiça social e da importância que todas as pessoas devem ter. Esses valores levariam os indivíduos a se identificarem com as aspirações de justiça em favor dos grupos mais excluídos. Entretanto, a sociedade também valoriza a competição, o individualismo, a autorrealização e a busca do sucesso pessoal. Tais valores conduzem a uma visão de que as minorias sociais se comportam de forma desviante e ameaçadora (Katz, Wackenhut, & Hass, 1986).

Katz e Hass (1988) testam esses postulados propondo que quanto maior a saliência da ética individualista, maior a emergência dos sentimentos negativos em relação aos negros nos Estados Unidos. Por outro lado, quanto maior a saliência de uma ética igualitarista, mais sentimentos positivos e menos discriminação. No primeiro estudo, os autores confirmam uma relação positiva entre a adesão ao individualismo e a competição com o racismo, e uma relação negativa desses com os valores do igualitarismo. Ou seja, quanto mais racismo do tipo ambivalente, mais adesão aos valores individualistas e menos adesão ao igualitarismo. No segundo estudo, eles estendem esses resultados manipulando contextos sociais, de mais igualdade ou de mais competição, a partir do que constatam um efeito mais forte da competição do que da igualdade na produção de racismo. Os autores concluem afirmando que:

> *Identificamos em estudantes universitários brancos duas dimensões contraditórias e relativamente independentes de atitudes em relação aos negros, uma amigável e outra hostil. Descobrimos que esses componentes conflitantes estão causalmente ligados a duas*

> *orientações de valores distintos: uma perspectiva humanitária--igualitária, que aparentemente cria compromisso com a justiça racial e simpatia pelos negros, percebidos como oprimidos; e a ética protestante individualista, com sua ênfase na autossuficiência e autodisciplina, que parece gerar percepções negativas sobre os negros. (Katz & Hass, 1988, p. 902, tradução nossa)*

Considerando a necessidade de instrumentos de pesquisa sobre o racismo ambivalente, Blair (1999) desenvolve e valida uma escala a partir dos postulados de Katz e Hass (1988). A escala mede os componentes hostis e benevolentes ou pseudopositivos das atitudes raciais. O autor constata a formação de quatro fatores ou dimensões do racismo ambivalente: humanitário/igualitário, ética protestante, sentimentos antinegros e sentimentos pró-negros. Analisando o racismo na Guatemala, Hale (2006) verifica que as atitudes racistas contra os indígenas, que eram abertamente hostis até a década de 1980, começam a mudar e se tornam mais ambivalentes nos últimos anos. Conforme relata, as autoridades do país começam a repudiar o racismo, reconhecendo os direitos individuais e coletivos de seus compatriotas indígenas. Mas, simultaneamente, continuam defendendo os privilégios tradicionais dos não indígenas e culpando a cultura Maia pela persistência da pobreza e da desigualdade no país. Hale (2006) interpreta essa mudança como consequência do surgimento de formas ambivalentes de racismo influenciadas pela ideologia do branqueamento.

A Teoria do Racismo Ambivalente tem impacto crescente no entendimento das expressões do racismo em países formalmente democráticos, mas que mantêm estruturas sociais marcadas pela desigualdade de acesso entre os grupos dominantes e dominados; sendo, portanto, mais capaz de ler o racismo em sociedades nas quais a maioria dos negros é pobre comparativamente aos brancos (Fiske & Russell, 2010). Diekman, Eagly e Johnson (2010) argumentam que a ambivalência enquanto forma de expressão do racismo é típica de sociedades nas quais as relações entre os grupos racializados são de cooperação mais do que de competição; de forma que, para garantir a subserviência dos dominados, os dominantes evitam hostilidades abertas, adotando mais frequentemente posturas paternalistas: "as relações raciais e de gênero são melhor analisadas considerando sua composição como um misto ambivalente de elementos positivos e negativos" (Diekman et al., 2010, p. 213).

Vimos que as quatro teorias analisadas até aqui apresentam potenciais de leitura do racismo para além dos seus contextos de surgimento. Em seguida, analisaremos em que medida essas teorias de nível interindividual de análise foram utilizadas para entendimento do racismo no Brasil.

Racismo no Brasil e as explicações de nível individual da psicologia social

Em uma pesquisa feita no dia 11 de junho de 2021, nos periódicos Capes, introduzimos na linha de busca os termos "Hipótese da Frustração-Agressão" predefinindo a referência a qualquer dos termos no assunto ou título da publicação, adotando, como critério de inclusão, publicações sobre a realidade brasileira e, como critérios de exclusão, itens repetidos. Foram recuperados apenas dois registros: um artigo e um livro.

O artigo de Pereira e Souza (2016) se constitui como uma revisão teórica dos fatores legitimadores da discriminação identificados nas teorias clássicas da psicologia social. Nos dois parágrafos dedicados à Teoria da Frustração-Agressão, os autores a referem como uma teoria psicodinâmica de nível individual, salientando sua relação com os mecanismos de defesa do ego, a exemplo do deslocamento, para explicar a discriminação. O artigo é teórico, não analisando ou citando trabalhos que tenham investigado a relação entre F-A e racismo no Brasil. No livro *Violência e Saúde*, Minayo (2006) apresenta uma reflexão teórica sobre a relação entre violência e saúde dos brasileiros. Em todo o livro, há somente uma referência específica à hipótese da frustração-agressão, quando se afirma que tal explicação surge na psicologia social de Otto Klineberg para analisar a relação entre o não atendimento de expectativas e a violência. Assim como no artigo de Pereira e Souza (2016), a proposta da autora é teórica, de modo que não objetivava a análise da relação entre F-A e racismo no Brasil.

No mesmo dia, 11 de junho de 2021, procedemos a uma pesquisa idêntica à anterior nos periódicos Capes, desta vez introduzindo na linha de busca os termos "Teoria da Aprendizagem Social", predefinindo a referência exata para título ou para assunto. Adotamos, como critério de inclusão, publicações que fossem sobre a realidade brasileira e, como critérios de exclusão, itens repetidos. Foram recuperados 33 registros. Em seguida, filtramos os trabalhos nos quais aparecesse o termo "racismo" no assunto. Apenas dois registros emergem nessa nova busca: um artigo sobre aprendizagem social e emocional em escolas portuguesas e outro sobre aprendizagem organizacional. Ou seja, não emergiram na busca publicações no Brasil sobre a relação entre a Teoria da Aprendizagem Social e o racismo. Em uma terceira busca, considerando que a psicologia prefere o termo "preconceito racial" ao termo "racismo", mantivemos os termos na linha de pesquisa "Teoria da Aprendizagem Social" e filtramos para trabalhos em cujo assunto aparecesse o termo "preconceito". Dois trabalhos, um artigo e um livro foram retornados.

No artigo de Njaine e Minayo (2004), são descritas algumas teorias para explicar a violência na mídia e seu impacto na saúde mental de crianças e adolescentes. As autoras destacam a Teoria da Aprendizagem Social como uma dessas explicações, enfatizando o caráter aprendido da agressão. Apenas uma vez a palavra "preconceito" aparece no artigo, para referir as atitudes dos profissionais de mídia, mas sem conectar esse fenômeno com a aprendizagem social.

No livro *A formação ética dos médicos: saindo da adolescência com a vida (dos outros) nas mãos*, Rego (2005) utiliza a Teoria da Aprendizagem Social como possível explicação para o desenvolvimento moral dos seres humanos e aponta a ausência de literatura nacional que trate a respeito dessa teoria, sem relacioná-la com o tema do preconceito. O termo "preconceito" aparece no livro quando o autor analisa processos de coisificação dos pacientes, sobre os quais são referidos três casos clínicos. Em nenhum deles, portanto, é possível identificar correlação entre aprendizagem social e preconceito. Para o autor, a TAS é entendida como o aprendizado da ética e o preconceito como um aprendizado do desvio, sem conexão entre eles.

No dia 21 de junho de 2021, procedemos a uma consulta idêntica à anterior nos periódicos Capes, desta vez introduzindo na linha de busca os termos "Hipótese do Contato", predefinindo a referência exata ao termo e em qualquer registro da publicação (assunto ou título). Foram recuperados três registros, todos artigos científicos. Dois deles analisam a HC relacionada à área da linguística, considerando o contato entre o português brasileiro e as línguas africanas. O terceiro analisou a influência da similaridade e dissimilaridade, real ou percebida, na qualidade do relacionamento entre díades de superiores hierárquicos e subordinados no trabalho. Nele, Da Silveira e Hanashiro (2009) constatam que o contato produz efeitos positivos na redução das imagens negativas entre os grupos. A palavra "preconceito" aparece três vezes no artigo, uma delas na parte empírica para referir que os resultados encontrados no estudo vão na direção dos modelos "voltados para a promoção de justiça, ampliação da representação e redução de preconceitos e discriminação" (p. 131). Conclui-se que não houve, na busca realizada, registro de estudos que tenham analisado o racismo do Brasil à luz da Hipótese do Contato.

No mesmo dia, 21 de junho de 2021, procedemos a uma nova consulta nos periódicos Capes, introduzindo na linha de busca os termos "racismo ambivalente" predefinindo a referência exata ao termo e em qualquer registro da publicação (assunto ou título). Foram recuperados três artigos científicos. O primeiro estuda racismo entre universitários da Costa Rica, relacionando a atribuição e emoções primárias e secundárias com os processos de preconceito moderno e infra-humanização (Salas & Smith-Castro, 2009). Ele não foi considerado para análise porque os dados não se referem ao Brasil. Da mesma maneira, o artigo de Antonieta Vera Gajardo (Vera, 2018) se refere à realidade do racismo e da violência contra mulheres indígenas no Chile. Finalmente, o terceiro artigo, de natureza teórica, traz uma revisão narrativa sobre as principais teorias do racismo desenvolvidas na psicologia social. Lima e Vala (2004) destacam no texto a vivência individual de um conflito entre valores igualitários e valores individualistas, que definem a ambivalência atitudinal nas relações interpessoais com membros de outros grupos. O artigo não vincula, de forma específica, relações entre a teoria do racismo ambivalente e a análise do racismo no Brasil. Assim, a busca empreendida permite concluir que não houve publicações empíricas analisando as relações do racismo nacional com a Teoria do Racismo Ambivalente.

Encaixes e desencaixes das explicações de nível individual da psicologia social para o racismo no Brasil

Novamente, como ocorreu em relação às teorias de nível intraindividual de explicação, nota-se baixíssima utilização pelos pesquisadores brasileiros de quatro das mais importantes teorias de nível interindividual da psicologia social para explicar o racismo e o preconceito. Apenas dois artigos, ambos teóricos, foram recuperados sobre a relação racismo/preconceito e Frustração-Agressão. Sobre as possibilidades analíticas da teoria da aprendizagem social em relação ao nosso tema, nenhum documento foi encontrado na busca. Outrossim, tanto a Hipótese do Contato quanto a Teoria do Racismo Ambivalente estimularam muito pouco a análise do racismo no Brasil, não havendo registros nos periódicos de pesquisa empírica sobre o tema no nosso país.

O racismo à brasileira foi marcado historicamente, de um lado, por profundas desigualdades entre brancos e negros (Hasenbalg, 1985), que ainda persistem e se aprofundam (IBGE, 2019), e de outro, pelo paternalismo nas relações, pintadas com o verniz da cordialidade (Holanda, 1936/1984), da dominação docilizada, enfim, do "racismo cordial" (Turra & Venturi, 1995). Essas marcas estruturaram o mito da escravização benevolente, que propõe o colonizador português como alguém que usava "a doçura no tratamento dos escravos" (Freyre, 1933/1983, p. 219). A esses aspectos, no plano ideológico, vinculam-se a adoção, pelo estado brasileiro, do luso-tropicalismo de Gilberto Freyre (1933), "que concebia a sociedade da época como um ambiente de quase reciprocidade cultural, caracterizado pelo máximo aproveitamento dos valores e experiências dos povos atrasados pelo adiantado e pelo máximo de contemporização da cultura adventícia com a nativa, da do conquistador com a do conquistado" (Alexandre, 1999, p. 14). Também as relações entre brancos e indígenas no Brasil colonial, em certo período, foram marcadas pela informalidade, havendo um sistema de parentesco chamado de "cunhadismo", no qual os portugueses que se apropriaram de mulheres indígenas passavam a ter "cunhados" na tribo, como refere Darcy Ribeiro (1996).

Mestiçagem, luso-tropicalismo e cunhadismo impingiram ao racismo nacional um caráter privado e pouco formalizado (Schwarcz, 1998), que fizeram com que o contato entre brancos, negros e indígenas, inclusive o contato mais íntimo, fosse mais frequente e intenso no Brasil que na maior parte dos outros contextos de relações racializadas. É possível afirmar que em nenhum outro lugar do mundo houve e há tanto contato entre brancos e negros quanto no país. Tudo isso parece indicar a importância da Hipótese do Contato para análise do racismo no Brasil. Embora a miscigenação racial não tenha, nem de longe, implicado em uma integração na nossa sociedade, sendo marcada pelo status e poder diferenciados de brancos e não brancos (Fernandes, 1966), e também não se tenha verificado no Brasil apoio institucional contra o racismo até, pelo menos, a década de 1990 (Telles, 2004), outras condições ideais do contato parecem ter sido bem cumpridas aqui, a exemplo das relações de amizade intergrupal.

Todos esses aspectos tornam o Brasil um imenso "laboratório" para a pesquisa sobre as condições de efetividade e de falha dos contatos no controle ao racismo. Inclusive, considerando a grande incidência de casamentos inter-raciais, a análise dos níveis de racismo dos cônjuges e de seus filhos poderia ampliar a compreensão das formas de expressão do racismo no Brasil, além de ser um aspecto enriquecedor da própria hipótese do contato.

Há algum tempo atrás, a ideologia do paternalismo que configurava o racismo nacional, estabelecendo uma lógica do tipo "tudo fica bem se cada grupo fica no seu lugar", ainda era a marca dominante das relações racializadas no Brasil. Mais recentemente, entretanto, temos assistido à emergência de um racismo mais aberto e flagrante, um racismo "pós-políticas de ação afirmativa" (Lima, Neves, & Silva, 2014), marcado pela percepção de que os negros e outras minorias sociais utilizam a retórica vitimista do "mimimi" para alcançarem privilégios não merecidos ou para justificarem o seu insucesso econômico (Lima, Barbosa, Araújo & Almeida, 2020). Trata-se daquilo a que os norte-americanos chamam de "racismo moderno" ou de "racismo simbólico", no qual os negros são percebidos como uma ameaça ao sistema de privilégios dos brancos. Nesse tipo de racismo, as crises (política, social e econômica), associadas à perda de status das classes médias e altas, mas também ao aumento da miséria e desemprego, formam um cenário propício ao surgimento de conflitos sociais (Carneiro, 1998), com discursos de ódio que buscam bodes expiatórios para deslocar suas frustrações. Trata-se de um contexto muito propício para a utilização das teses da frustração-agressão no entendimento do racismo.

A emergência entre 2000 e 2012 de uma "nova classe média" ou, para outros, "nova classe trabalhadora" pode ter alterado níveis de expectativas e exigências em termos de mobilidade individual, aumentando a competição por recursos (materiais e simbólicos) que começaram a se tornar novamente muito escassos a partir de 2012. Kopper e Damo (2018) argumentam que mudanças significativas, como a redução da desigualdade social, podem ter ajudado a desestabilizar crenças hierárquicas arraigadas e permitir uma mobilidade social das minorias a novos espaços políticos, econômicos e subjetivos. Para alguns analistas, esse "cruzamento de fronteira de classes" foi o que alimentou o ressentimento social e com ele o crescimento da ultradireita brasileira (Araújo, 2019).

A Teoria da Aprendizagem Social poderia nos ajudar a entender como o racismo, enquanto norma social, é aprendido em uma sociedade na qual os meios de comunicação de massa, até pouco tempo atrás, construíam modelos de identificação e, sobretudo, de desidentificação, calcados na lógica da branquitude. A exemplo da representação quase hegemônica dos negros nas telenovelas e na literatura nacionais como humildes e resignados (tia Anastácia), como "imorais e hipersexualizados" (*Xica da Silva*), como "violentos e impiedosos" (Maurício Gonçalves, o capitão-do-mato de *Sinhá Moça*) ou como a "mulata sedutora" de Jorge Amado (Araújo, 2000). Ou ainda, como demonstram Vaccarezza e Lima (2019), o Brasil é um país onde os modelos de beleza com mais representatividade na mídia (celebridades) são brancos ou "pardos", e os modelos de feiura são, sobretudo, pretos. Tais construções midiáticas se juntaram, mais recentemente, às narrativas racistas de lideranças políticas e influenciadores digitais de extrema direita, que se configuram como modelos a serem imitados e assim ensinam outros a serem racistas.

A ambivalência foi sempre uma marca central do racismo nacional. Nas artes e na literatura, os indígenas foram e continuam sendo representados de forma ambivalente. Ora como "maus selvagens", associados ao canibalismo e barbarismo; ora como "bons selvagens", que se deixam assimilar culturalmente e colaboram na colonização (Brandon, 2005). No cinema nacional, essas imagens ambivalentes dos indígenas ganharam destaque, tendo enorme influência nas visões que o cidadão comum possui sobre o grupo (Silva, 2007). De forma análoga, os negros também são vítimas de representações ambivalentes; como refere Clóvis Moura, eram percebidos como bons escravos, mas como maus cidadãos:

> *Por tudo isso, para conhecermos melhor e mais verticalmente essa trajetória de escravo a ex-escravo e de ex-escravo a cidadão, vamos fazer um apanhado histórico para vermos por que ele deixou de ser o* bom escravo *idealizado, ou melhor, ideologizado por uma ótica pretensamente paternalista e passou a ser visto como o mau cidadão atual. (Moura, 1977, p. 28)*

Causa, portanto, alguma surpresa que não tenham sido publicados mais estudos empíricos sobre o caráter ambivalente do racismo nacional. A Teoria do Racismo Ambivalente parece ter potencial de análise atual tanto do racismo contra os negros, quanto do racismo contra os indígenas. Sobretudo, quando consideramos que os brasileiros já estavam preocupados com a norma antirracista muito antes de estadunidenses e sul-africanos (Fernandes, 1966; Lima, 2002). Isso nos faz supor que a ambivalência acompanha o racismo nacional desde suas origens.

Conclusão

A proposta deste capítulo foi analisar o poder explicativo que teorias clássicas e modernas da psicologia social têm para o entendimento do racismo no Brasil. Para tal, foram consideradas, no âmbito mais geral, a Teoria da Aprendizagem Social e as Hipóteses da Frustração-Agressão e do Contato, e, como aporte específico sobre o racismo, a Teoria do Racismo Ambivalente. Trata-se de algumas das mais importantes teorias de nível intraindividual formuladas pela psicologia social, que inspiraram, mundo afora, um grande conjunto de pesquisas e de intervenções sociais e políticas públicas em várias áreas de conhecimento. Entretanto, novamente se evidenciou o pouco aproveitamento dessas teorias na psicologia social nacional. Nenhuma delas foi empiricamente testada ou, muito menos, adaptada para entender as peculiaridades e generalidades do racismo no Brasil, mesmo sendo o nosso país aquele em que mais acontece contato entre brancos e negros no mundo e em cujas famílias há muita miscigenação. Da mesma forma, não obstante estarmos passando de um racismo paternalista ou "cordial" para um racismo mais baseado na percepção de ameaça, real e simbólica, nas últimas décadas (Lima, 2019) e de termos a ambivalência de sentimentos e crenças, desde o princípio dos encontros entre brancos e não brancos, como uma marca central do nosso racismo, essas duas teorias também quase não foram aproveitadas para compreensão do fenômeno pelos nossos pesquisadores.

Uma explicação para o pouco uso das quatro teorias referidas pode advir da suposição de que elas se encaixam mal às especificidades do racismo à brasileira. Entretanto, como argumentamos, essa tese não se sustenta, uma vez que tal hipótese sequer foi testada. Ou seja, não encontramos trabalhos que tenham usado qualquer um desses modelos teóricos e tenham concluído sobre sua pouca acuidade interpretativa.Como já referido, talvez a problemática seja mais geral. A psicologia social começou a estudar o tema do racismo no Brasil de forma mais sistemática apenas depois da década de 1990, havendo até final dos anos 2000 pouquíssima produção sobre preconceito de cor e quase nenhuma sobre racismo (Ferreira, 1999). Esse cenário também é constatado até 2014 (Sacco, de Paula Couto, & Koller, 2016).

As teorias analisadas neste capítulo situam-se a um nível eminentemente "psicológico", o das relações interpessoais; além disso, a maioria delas teve mais impacto nas décadas de 1960, 1970 e 1980, período que a psicologia nacional, de forma geral, parecia capturada pelo mito da democracia racial. Talvez, no capítulo seguinte, que analisa como teorias psicossociais clássicas "menos psicológicas", de nível posicional ou grupal, foram empregadas para explicar o racismo no Brasil, tenhamos um cenário diferente.

3. O racismo e as explicações de nível posicional: modelos sociocognitivos

Em “Flutuando no espaço”, conto do livro *Crônicas marcianas* (2005), Ray Bradbury relata uma história ambientada na década de 1950 nos Estados Unidos, quando todos os negros de uma pequena cidade tomaram lugar em um foguete para viver no planeta Marte. O autor descreve a migração dos negros e o desespero dos brancos, que vão percebendo a ameaça de perda de privilégios que tal mudança acarretava. O personagem central da narrativa, Samuel Teece, dono de uma loja de ferragens, que perdera uma empregada doméstica e um atendente negros, era o mais desesperado entre todos os brancos com a ida dos negros para Marte:

> *Não consigo entender por que eles foram embora agora. As perspectivas são boas, quer dizer, cada dia conquistam mais direitos. O que eles querem, afinal de contas? Aqui já não há mais imposto, cada vez mais estados aprovaram leis antilinchamento, e eles têm todos os tipos de direitos igualitários. O que mais querem? Ganham quase tanto quanto os brancos e, mesmo assim, lá vão eles. (Bradbury, 2005, p. 160).*

Quando Teece percebe que não conseguirá prender seu funcionário, declara: "Vocês não repararam? Até o último instante, por Deus, ele me chamou de 'senhor'!" (p. 168).

Neste terceiro capítulo, analisaremos teorias que consideram o racismo como associado ao senso de posição nos grupos e a manutenção de status e privilégios nas relações sociais. Vimos, no Capítulo 2, cujo foco predominante das explicações para o racismo eram as relações interpessoais, que foram consideradas hipóteses e teorias clássicas da psicologia social, a exemplo da Hipótese da Frustração-Agressão, da Teoria da Aprendizagem Social, da Hipótese do Contato e da Teoria do Racismo Ambivalente. No presente capítulo, analisamos o uso e a capacidade de entendimento de algumas das mais importantes teorias psicossociais de nível posicional ou intragrupal para o entendimento do racismo.

As explicações de nível posicional

Doise (1980) situa as explicações de nível posicional como aquelas em que são enfatizados os efeitos das posições sociais dos indivíduos nas interações sociais e nos processos psicológicos desencadeados nos níveis intrapsíquico e interpessoal. Nesse nível, analisa-se como as diferenças de status ou prestígio social modulam os processos do primeiro e segundo níveis de análise (intraindividual e interindividual). Os estudos sobre poder e identidade social seriam típicos desse nível, neles predominam as análises com grupos de status diferentes (maiorias e minorias, dominantes e dominados) (Doise, 1980; 2002):

> *Na verdade, a articulação do nível intraindividual (maior ou menor variabilidade intracategorial nas cognições individuais) e o nível posicional (status ou prestígio do grupo) permite aos pesquisadores integrar resultados contraditórios sobre o efeito de homogeneidade fora do grupo e dar um passo adiante em suas conceituações neste domínio. (Doise & Valentim, 2015, p. 899, tradução nossa)*

Considerando os princípios explicativos, Doise (1980) insere nesse nível as teorias da identidade social como formulada por Tajfel e Turner (1979), as explicações acerca da posição, interação e ameaça social, a exemplo da Teoria da Ameaça Integrada (Stephan & Stephan, 1985). No nível mais específico, serão consideradas teorias do preconceito e racismo que focam a representação social das diferenças, a exemplo da Teoria do Racismo Sutil (Pettigrew & Meertens, 1995) e outras associadas à percepção de que os negros ameaçam o poder dos brancos, como a do racismo simbólico e moderno (McConahay & Hough, 1986). Tais teorias serão apresentadas em seguida, quando discutimos seu uso pela psicologia social do Brasil e destacamos seu potencial de leitura do racismo nacional.

A Teoria da Identidade Social

A inserção da Teoria da Identidade Social (TIS) no nível posicional não está destituída de controvérsia. Tal classificação foi feita pelo próprio Willem Doise, considerando que os princípios explicativos das relações entre grupos recaem sobre variáveis de nível psicológico ou interpessoal:

> *Alguns desses estudos relacionam o valor da autoimagem ou autoavaliação ao pertencimento a diferentes categorias sociais, outros indicam processos intraindividuais em ação nas representações das relações entre nações ou entre grupos étnicos. (Doise, 1980, p. 219, tradução nossa)*

Entretanto, em um texto posterior, Doise (2002) percebe não ser tarefa simples enquadrar a Teoria da Identidade Social no nível posicional, uma vez que a TIS está em constante evolução. O autor refere os desenvolvimentos da teoria, que parte dos princípios cognitivos gestaltistas de acentuação de contrastes na percepção; que passa em seguida para o estudo das condições mínimas de pertencimento grupal no surgimento dos comportamentos discriminatórios e na formação de normas de favorecimento do endogrupo; até chegar, a partir de 1975, a formulações integradoras de vários níveis de análise (formulações societais), quando estabelece uma relação entre os processos identitários e as ideologias da mudança e da mobilidade social, pondo ênfase nas normas sociais e nas ações coletivas.

Em que pese esse caráter dinâmico e multifacetado da TIS, ela será considerada como teoria de nível posicional neste capítulo: "O paradigma de Tajfel, no momento atual, é frequentemente assimilado a uma teoria de autocategorização que não necessariamente evoca hipóteses de ordem societal" (Doise, 2002, p. 29). Pode-se considerar, seguindo a classificação proposta por Doise (1980), que o princípio explicativo da TIS são os processos de categorização e diferenciação social, que a "variável independente" ou "motor não movido" fundamental é a necessidade de autoestima positiva, que impacta na "variável dependente" central: o favorecimento endogrupal nos processos de avaliação e de distribuição de recompensas materiais e simbólicas.

Como referem Torres e Camino (2022), é analisando os processos de categorização, desde os referentes a estímulos físicos até os sociais, que o psicólogo social britânico Henri Tajfel (1919-1982) desenvolve a sua teoria. Juntando evidências de estudos realizados na década de 1960, Tajfel (1983) analisa quatro fenômenos da relação entre percepção cognitiva e percepção social: 1) os efeitos das categorizações sobre avaliações de cumprimento de reta, 2) os efeitos da polarização de diferenças de valor nas avaliações de pessoas, 3) o papel da categorização na acentuação de semelhanças entre pessoas alocadas em uma mesma categoria e 4) a acentuação de diferenças de traços atribuídos a certos grupos sociais. No primeiro caso, oito retas de comprimentos variados eram apresentadas de forma isolada ou inseridas em classes (A ou B); a partir disso, Tajfel constata um aumento da percepção de semelhança de comprimento entre as linhas da mesma classe e um aumento da percepção de diferenças entre as de classes diferentes. No segundo caso, observando fotografias de pessoas sobre as quais deveriam atribuir características, os participantes tendem a emitir julgamentos mais extremos (polarizados) para aqueles atributos que são relevantes para eles. Na terceira experiência, participantes canadenses ouviam entrevistas de um indivíduo canadense e de um indiano que falavam sobre filmes, em seguida avaliavam os dois atores. Uma semana depois, utilizando os mesmos instrumentos, avaliavam as categorias sociais "indiano" e "canadense". Os resultados mostram que o sujeito indiano era avaliado como mais semelhante ao estereótipo geral dos indianos do que o canadense. Na quarta situação, analisando a percepção de sotaque inglês e francês de locutores canadenses, verifica-se um julgamento mais favorável dos franceses ao sotaque inglês nas características relativas a status socioeconômico, mas não nos traços de sociabilidade (generosidade, simpatia, religiosidade e hospitalidade).

Na década de 1970, com o estudo clássico do "paradigma grupo mínimo", Tajfel, Billig, Bundi e Flament (1971), demonstram que um pertencimento grupal sem significado social (a preferência de crianças por pintores expressionistas), sem interação (as crianças não interagiam umas com as outras no experimento) e sem conflito com outros membros do grupo, era capaz de gerar favorecimento do grupo de pertencimento (endogrupo) e discriminação do grupo do outro (exogrupo). Esses achados permitiram a formulação dos quatro pressupostos básicos da teoria: 1) categorização social, 2) identificação social, 3) comparação social e 4) diferenciação social.

A categorização social é o processo pelo qual se "reúnem objectos ou acontecimentos sociais em grupos, que são equivalentes no que diz respeito às ações, intenções e sistemas de crenças dos indivíduos" (Tajfel, 1983, p. 290). A identidade social é "a parcela do autoconceito de um indivíduo que deriva do seu conhecimento da pertença a um grupo (ou grupos) social, juntamente com o significado emocional e de valor associado àquela pertença" (p. 290). Ou ainda, como "aspectos da autoimagem do indivíduo que derivam das categorias sociais que ele percebe como sendo pertencente" (Tajfel & Turner, 1979, p. 40). Para Tajfel, a categorização social atua como um sistema de orientação que cria e define o lugar do indivíduo na sociedade. A definição de tal "lugar" decorre dos processos de comparação social focados no indivíduo enquanto indivíduo e nas análises que tomam por base os seus pertencimentos a grupos sociais. No cerne dessas comparações, as características dos grupos de uma pessoa, a exemplo de prestígio, riqueza e influência, vinculam-se a hierarquias de valor que produzem diferenciação social. Tais diferenciações serviriam para manter identidades sociais positivas. Assim, a simples categorização ou classificação das pessoas em grupos sociais, mesmo sem conflito de interesses ou hostilidades prévias, já seria suficiente para produzir o preconceito contra o grupo do outro (Tajfel & Turner, 1979).

Nessa direção, a TIS se afirma como uma "psicologia social do conflito intergrupal". Um elemento central nessa teoria é a pressuposição de que o comportamento intergrupal ocorre dentro de um *continuum* em cujos polos estão o interpessoal e o intergrupal (Tajfel & Turner, 1979). As interações sociais seriam motivadas ou por interesses pessoais dos indivíduos, ou pelos interesses dos seus grupos de pertencimento. A hipótese derivada do postulado desse *continuum* é a de que quanto mais intenso um conflito intergrupal, maior o peso das motivações grupais nas ações dos indivíduos. A título de ilustração, pode-se invocar a situação de um trabalhador de uma empresa, que se acredita em vias de ser promovido pelo patrão. Quando o seu sindicato deflagra uma greve alegando baixos salários e exploração, ele provavelmente irá se ver em um conflito sobre como se comportar, que envolverá suas relações interpessoais com o patrão e com os pares, e, ao mesmo tempo, sua identificação mais pessoal, enquanto alguém que quer ganhar mais e ser promovido, e social, enquanto trabalhador de uma empresa que compartilha características com outros iguais.

O referido *continuum* que vai do polo mais interpessoal, campo das identidades pessoais, ao polo das comparações e relações mais intergrupais, campo das identidades sociais, é associado por Tajfel e Turner (1979) a outros. Um deles é o que faz variar estratégias de mobilidade social *versus* mudança social. As primeiras se vinculam ao nível interpessoal ou individual de motivação, as segundas ligam-se às lutas coletivas ou à ação social. Em sociedades hierarquizadas como a nossa, os grupos que possuem posição de alto status buscam criar formas de legitimação dos seus privilégios, produzindo algumas diferenciações sociais mais subjetivas e outras mais objetivas. Aqueles com baixo status, por sua vez, podem dirigir seu antagonismo contra outros grupos minoritários, contra seu próprio grupo ou, ainda, contra os dominantes. Nesse cenário, três postulados básicos das TIS afirmam que: 1) os indivíduos lutam por manter ou melhorar sua autoestima, 2) o pertencimento a grupos ou categorias sociais associa-se com valores positivos ou negativos e 3) a avaliação de um grupo acontece sempre em um cenário de comparação social com outros grupos referenciais.

Seguindo essa lógica, a identidade social, que pode ser positiva ou negativa a depender do status social dos grupos, afeta a autoestima pessoal do indivíduo. Isso faz com que se busque manter uma identidade social positiva, por meio de processos de comparações sociais que favorecem o endogrupo em detrimento do exogrupo. Quando a identidade social é insatisfatória, os indivíduos podem abandonar seu grupo de pertencimento em prol de outro mais valorizado ou procurar tornar seu grupo mais positivo e diferenciado: "o objetivo da diferenciação é manter ou conseguir uma superioridade sobre o exogrupo em alguma dimensão de comparação" (Tajfel & Turner, 1979, p. 41). A primeira estratégia para lidar com uma identidade "deteriorada", chamada de "mobilidade social", consiste em deixar ou se dissociar do grupo. Trata-se de uma "solução" individual de desidentificação que não altera o status do grupo minoritário. A outra estratégia para lidar com as identidades não valorizadas é denominada de criatividade social. Nesses casos, o recurso é mais grupal do que individual, pois consiste em alterar as dimensões da comparação social.

Lemaine (1966), em um estudo no qual crianças deveriam construir cabanas em um acampamento, distribuiu bons materiais apenas para metade delas. O autor observou que o segundo grupo, os que ficaram sem bons materiais, fez cabanas mais rústicas do que o primeiro. Entretanto, nas avaliações do seu trabalho, as crianças desse grupo afirmavam que suas construções eram melhores, pois eram típicas de acampamento e estavam mais integradas à natureza que as do primeiro grupo. Outra dimensão possível de expressão da estratégia identitária da criatividade social é a inversão dos valores associados às comparações inferiorizadoras. Nesse caso, exemplos históricos relevantes são as ações do movimento negro estadunidense "Black is beautiful" e a ressignificação do conceito de raça. Em ambos, a desvalorização da categorização racial e do pertencimento minoritário a ela associada é revertida: aceita-se de forma estratégica a classificação, mas inverte-se os valores a ela associados de forma que o negativo se torne positivo.

A terceira estratégia citada por Tajfel e Turner (1979), a da competição social, é a escolha de membros de mais baixo status do seu próprio grupo ou de outras minorias para as comparações, o que reduz a percepção de inferiorização e protege a autoestima. Trata-se aqui de uma lógica do tipo "por pior que eu esteja, tem sempre alguém em situação pior que a minha".

Na competição social, podem surgir dois tipos de comparação intergrupal: a segura e a insegura. Quando as relações de status são percebidas como imutáveis, como fazendo parte da "ordem natural das coisas", a identidade social é segura. A identidade se torna insegura quando tal estabilidade começa a ser questionada. Por exemplo, uma forma de identidade nacional, estruturada na crença de que "o Brasil é o país do futebol", porque ganhamos cinco copas do mundo, temos Pelé etc., estava mais estável e segura antes da última copa do mundo, de 2022, quando a seleção nacional foi eliminada nas quartas de final e, para piorar, Argentina e França foram para a final, ambas podendo ser tricampeãs.

A Teoria da Identidade Social propõe que, em situação de estabilidade de status, os grupos, tanto os de baixo quanto os de alto status, não precisam demonstrar etnocentrismo. Outro vetor importante nessa análise, além da percepção de estabilidade do status dos grupos, é a percepção de legitimidade ou justiça do sistema. Quando o grupo dominante percebe sua superioridade como legítima, ele pode reagir mais discriminatoriamente contra qualquer minoria que ameace tal posição. Exemplos históricos significativos desse fenômeno são os linchamentos de negros ocorridos no sul dos Estados Unidos, na década de 1940, quando os brancos "ameaçados" param de ver os negros como infantis para desenvolver estereótipos menos paternalistas e mais negativos. Ou, mais recentemente, no Brasil, quando grupos de bolsonaristas mais extremistas queimaram carros e ônibus em Brasília, protestando contra a perda da eleição presidencial e a diplomação do vencedor; e quando, em 8 de janeiro de 2023, outros vândalos invadiram e depredaram palácios do governo.

Todavia, quando os grupos dominantes percebem sua posição de privilégios como ilegítima, a reação é mais complexa. A discriminação da minoria social oprimida torna-se mais disfarçada e volátil. Ela diminui quando o status ilegítimo de dominação é salientado e aumenta quando os minoritários se tornam parecidos culturalmente ou se aproximam simbolicamente da posição de poder, e volta a diminuir quando estes se afastam. Uma ilustração histórica desse fenômeno pode ser extraída do livro *Identidades assassinas,* de Amin Maalouf. Nele é relatada a reação britânica à estratégia cultural de Muhammad-Ali, vice-rei do Egito no início do século XIX, para quem a única forma de evoluir era imitando a Europa. O vice-rei então procedeu a uma tentativa de ocidentalização do seu país. Tal estratégia de imitação cultural fez com que Muhammad-Ali e o Egito fossem percebidos como ameaçadores da dominação ilegítima do Ocidente, de forma que as potências europeias enviaram contra ele uma expedição militar comum. Segundo Maalouf (1998), "a conclusão que os árabes tiraram e ainda hoje tiram deste episódio, é que o Ocidente não quer que ninguém se lhe assemelhe, quer somente que lhe obedeçam" (p. 89).

Na mesma direção, Vala e Lima (2002) e Lima e Pereira (2005) demonstram que participantes brancos ocidentais que avaliavam negros e brancos que possuíam uma cultura diferente da sua, mas que, em uma situação poderia se tornar igual, discriminavam principalmente os negros quando eles podiam se tornar mais semelhantes culturalmente, e os brancos quando eles poderiam se tornar mais diferentes.

No entanto, como já foi dito, não é preciso que ocorra um conflito real extremado para produzir a polarização grupal. Esse é um postulado central da Teoria da Identidade, de Tajfel, que a diferencia de outra teoria psicossocial clássica do conflito, chamada "do conflito realístico", proposta por Muzafer Sherif (1966). A diferenciação intergrupal não é inerentemente conflitiva: "Os trabalhos experimentais da Universidade de Bristol mostram que a desvalorização avaliativa de um exogrupo é conceitual e empiricamente distinta da hostilidade exogrupal" (p. 46). Os processos identitários podem produzir conflito entre grupos na medida em que os interesses colidem com relação à manutenção da situação de comparação social.

Nos conflitos reais, pode-se ter duas dimensões de comportamentos em relação ao exogrupo: instrumentais e não instrumentais. Os instrumentais são explícitos para vencer a competição. Os não instrumentais, discriminação gratuita, podem ser aqueles relativos à criação de estereótipos negativos. Estes se referem a comparação e identidade social e processos de distintividade, compondo uma dimensão implícita dos conflitos. Sintetizando:

> *Grupos similares se comparam uns com os outros; o resultado da comparação determina seu prestígio relativo; a percepção de diferenças de status reduz a similaridade intergrupal e, portanto, a comparabilidade; as comparações intergrupais cessam; a percepção objetiva e subjetiva de superioridade ou inferioridade decai em*

> *saliência; de forma correspondente, a autoestima de pertencer ao grupo (coletiva) retorna ao seu ponto original. (Tajfel & Turner, 1979, p. 44)*

Um dos principais pontos críticos da Teoria da Identidade Social de Tajfel é a associação linear entre identidade social e conflito intergrupal, ou seja, entre amar meu grupo e odiar o do outro. Bem antes do surgimento da TIS, Gordon Allport (1954/1979) já havia afirmado que a ligação com um grupo de pertencimento (identidade) não implica, necessariamente, na desvalorização dos outros grupos:

> *Por causa de sua importância básica para a nossa sobrevivência e autoestima nós tendemos a desenvolver partidarismo e etnocentrismo em relação aos endogrupos [...]. Assim, ainda que uma certa predileção pelos membros do próprio grupo possa ser inevitável, o sentimento pelos membros de outros grupos pode variar muito. Num extremo, eles podem ser vistos como inimigo comum a ser vencido para proteger o endogrupo. No outro extremo, o exogrupo pode ser valorizado, tolerado e até mesmo amado por sua diversidade. (Allport, 1979, p. 42)*

A relação entre amor endogrupal e ódio exogrupal é aprofundada por Marilyn Brewer, que defende a ideia de que o favorecimento do próprio grupo é geralmente independente da desvalorização do exogrupo. A autora destaca, em uma perspectiva evolutiva, que o conflito entre duas motivações é que definirá a direção dos sentimentos intergrupais. Por um lado, temos uma motivação para a inclusão dos outros, que surge em situações de isolamento e quando necessitamos de ajuda e proteção. Por outro, somos motivados à diferenciação em relação aos outros, sobretudo quando estamos em grandes coletividades.

O equilíbrio entre essas duas motivações, a de ser parecido e a de ser distinto, pode ser conseguido por meio da identificação com categorias sociais maiores (supraordenadas) que incluam o grupo de pertencimento e o grupo do outro. Esse seria um caso de "distintividade ótima" (Brewer, 1999).

Por exemplo, se alguém se identifica como sendo de "direita", no espectro político, e outra pessoa se define como sendo de "esquerda"; mas se ambos, no nível mais amplo ou supraordenado, sentem-se como cidadãos brasileiros interessados em melhorar o país, seria possível que a identidade política com um dos lados do espectro não conduzisse ao ódio ou menosprezo da outra opção (Lima, 2020).

Sabemos que isso nem sempre é fácil e tem se tornado mais difícil a cada dia. A autora destaca situações nas quais o equilíbrio entre ser parecido e ser diferente não é alcançado, implicando hostilidade entre os grupos: 1) quando há (de qualquer dos lados) crença na superioridade moral, 2) quando existe percepção de ameaça, 3) quando os interesses são conflitantes, 4) quando os grupos possuem valores idênticos (ameaça à distintividade) e 5) quando envoltos em disputas de poder. A percepção de ameaça, seja da ameaça material de posse de recursos ou privilégios, seja da ameaça simbólica de valores e crenças, é fundamental na relação entre identidade social e preconceito ou racismo. No seu Modelo da Distintividade Ótima, Brewer (1991) refere-se a três das cinco condições de desfecho infeliz citadas (2, 3 e 4). O papel da ameaça na hostilidade intergrupal será destacado em seguida, com a apresentação de outra importante teoria psicossocial focada no nível posicional, a Teoria Integrada da Ameaça.

Teoria Integrada da Ameaça

Proposta por Walter Stephan e Cookie Stephan, a ideia central da Teoria Integrada da Ameaça (*Integrated Threat Theory* – ITT) é a de que o medo e a percepção de ameaça à cultura estão na base das expressões mais violentas de preconceito, a exemplo do que aconteceu na antiga Iugoslávia, em Ruanda e no Burundi, e do que ainda acontece entre israelenses e palestinos (Stephan & Stephan, 2000). A ITT afirma que os indivíduos que pertencem a minorias sociais vivem sempre em um "cerco", sitiados em relações que produzem quatro tipos de percepções/sentimentos: a ameaça realística, a ameaça simbólica, a ansiedade intergrupal e os estereótipos negativos (Stephan, Ybarra, & Bachman, 1999).

Os autores reconhecem que na psicologia social outras teorias estudam a ameaça real (Bobo, 1988), a ameaça simbólica (Esses, Haddock, & Zanna, 1993; Sears, 1988) e estereótipos (Eagly & Mladinic, 1989); mas tais estudos ocorrem de forma isolada, não havendo até então uma teoria que integrasse a percepção de ameaças para entender o preconceito.

A ITT adota, como princípio explicativo dos fenômenos, a percepção por parte das pessoas de que o grupo do outro (exogrupo) é uma fonte de ameaça, tanto ameaça real ou realística, pautada na percepção de conflito em relação aos interesses materiais; quanto ameaça simbólica, referente aos valores, normas e cultura dos grupos. Segundo a teoria, essa seria uma reação etnocêntrica derivada de princípios evolutivos dos comportamentos tribais da espécie humana (Stephan, Ybarra, & Morrison, 2009). A "variável independente" ou fator explicativo do preconceito destacado nessa teoria é a percepção e/ou sentimento de ameaça nas relações entre grupos, entendida como estando enraizada em demandas biológicas e adaptativas da espécie. Ou seja, um fator de nível intraindividual. O fenômeno observado é o preconceito ("variável dependente"), operacionalizado enquanto respostas cognitivas, a exemplo dos estereótipos; respostas emocionais, tais como o medo, a raiva e o ressentimento, e respostas comportamentais, exemplificadas pela submissão ou pela discriminação.

A ameaça realística

As ameaças realísticas são aquelas que se referem à percepção de que os membros das minorias sociais ameaçam os recursos materiais do endogrupo, a exemplo de recursos econômicos, segurança física, acesso a direitos (escolas, moradias, assistência médica etc.), dentre outros. Nessa dimensão, incluem-se também as ameaças à existência do endogrupo, à semelhança das que acontecem em conflitos armados, as ameaças políticas ao poder e ao status do grupo. A ameaça realística na ITT difere da noção de ameaça estudada por Muzafer Sherif nos experimentos com crianças, denominada de "conflito realístico". Para os autores da teoria, qualquer ameaça ao bem-estar do grupo, seja ela derivada de conflito ou não, seja ela objetivamente real ou subjetivamente percebida, pode levar ao preconceito (Stephan & Stephan, 2000).

Na literatura psicossocial, há registros de várias formas de preconceito e de racismo que derivam da percepção de ameaça realística, a exemplo da mudança nas expressões de sexismo benevolente para sexismo hostil, quando as mulheres começam a ocupar os chamados "domínios masculinos" (Glick & Fiske, 1996); ou do racismo sutil para o flagrante, quando os imigrantes são percebidos como uma ameaça aos empregos e privilégios dos membros da maioria social (Pettigrew & Meertens, 1995); ou ainda, do racismo paternalista para o racismo aberto, quando os negros pós-políticas de ação afirmativa começam a ocupar vagas antes reservadas aos brancos em cursos de alto prestígio (Lima, Neves, & Silva, 2014).

A ameaça simbólica

A ameaça simbólica se relaciona à percepção de que o grupo de pertencimento (endogrupo) possui valores, crenças, tradições, atitudes e moralidades diferentes dos do exogrupo. Tal percepção alimenta uma preocupação com a universalidade, validade e integridade do sistema de valores/crenças do grupo, a qual se alia ao medo de que membros de exogrupos possam "conspurcar" ou "contaminar" a cultura ou as visões de mundo do endogrupo (Stephan & Stephan, 2000). A grande maioria das chamadas teorias sobre a "novas formas" de preconceito na psicologia social podem ser enquadradas nessa perspectiva. Por exemplo, a Teoria do Racismo Simbólico, que será analisada mais à frente, afirma que a percepção de que os negros violam valores do individualismo e da meritocracia está na base do racismo; da mesma forma, a teoria do preconceito sutil, que também será melhor discutida, propõe que essa forma de preconceito é expressa contra os imigrantes porque eles ameaçam os valores do grupo autóctone; de igual forma, grande parte dos heterossexismos se enraíza na percepção de que gays, lésbicas, bissexuais e transexuais ameaçam crenças moralizantes da heteronormatividade (Lima, 2020).

Stephan e Stephan (2000) afirmam, entretanto, que as teorias citadas diferem da ITT porque para esta teoria a percepção de ameaça simbólica não é em si mesma uma manifestação de preconceito/racismo, mas a sua causa. Outra diferença é a de que as teorias sobre os "novos preconceitos" geralmente situam a ameaça aos valores da ética protestante e do individualismo como elemento central, ao passo que, na ITT, a ameaça a qualquer valor que seja importante para o grupo pode gerar preconceito.

A ansiedade intergrupal

O terceiro componente do modelo da ITT é a ansiedade que surge nos encontros com membros de grupos sociais diferentes. Segundo a teoria, essa emoção se relaciona a um estado de desconforto, ao medo ou ao embaraço de se mostrar preconceituoso/racista nas interações sociais. Esse "combo" de desconforto emocional serviria como forma de retroalimentação das atitudes preconceituosas contra membros de minorias sociais. A ansiedade intergrupal surge devido a algumas razões: (i) os membros do grupo dominante temem o constrangimento, a rejeição ou a exploração por parte da minoria social, (ii) quando existe um histórico de antagonismos ou de pouco conhecimento e contato entre o exogrupo e o endogrupo e (iii) quando há relações competitivas em que o exogrupo tem um status mais elevado do que o endogrupo. As pesquisas mostram que quanto maior o nível de ansiedade intergrupal, maior o preconceito contra os exogrupos (Stephan et al., 1999).

A Teoria do Racismo Aversivo é emblemática do papel da ansiedade nas atitudes raciais (Stephan & Stephan, 2000). Como vimos, essa teoria propõe que o racismo decorre da ambivalência entre, por um lado, a adesão aos valores igualitários e, por outro, do surgimento de emoções negativas nos contatos intergrupais (e.g., desconforto, nervosismo, ansiedade e medo) (Dovidio & Gaertner, 1998). Também outras formas de preconceito, a exemplo da homofobia, LGBTfobia, capacitismo ou preconceito contra pessoas com deficiência, idadismo, dentre outros, são marcadas pela ansiedade que surge nos encontros intergrupais (Lima, 2020). Em todos esses tipos de preconceitos, o desconforto experienciado por parte dos membros da maioria social na interação retroalimenta seu preconceito, pois afeta os processos de percepção do outro, criando distorções que podem redundar em profecias autorrealizadoras.

Os estereótipos negativos

Os estereótipos são imagens simplificadas dos grupos sociais que cumprem funções de nível mais individual ou psicológico e outras de níveis mais sociais ou ideológicos (Tajfel, 1983). Stephan W. e Stephan C. (2000) destacam que uma das funções dos estereótipos é servir de base para as expectativas em relação aos comportamentos de membros dos grupos estereotipados. Quando tais expectativas são ruins, isto é, alimentadas por estereótipos negativos do exogrupo, interações conflitivas e desprazerosas são antecipadas, de modo que estereótipos negativos ativam o medo de que as relações com o outro possam gerar consequências negativas, constituindo-se uma ameaça que causa preconceito.

Na psicologia social, várias teorias destacam o papel dos estereótipos no preconceito, desde os estudos seminais de Katz e Braly (1933), que encontraram, nas décadas de 1930 e de 1950, estereótipos muito negativos associados aos negros e aos judeus nos EUA. Uma teoria moderna do racismo, a do racismo ambivalente referida no capítulo anterior, afirma que a ambivalência entre os estereótipos positivos, associados ao reconhecimento de que os negros sofrem discriminação e injustiça, com a crença de que os negros possuem estereótipos negativos, estrutura o racismo contra eles (Katz & Hass, 1988).

A Teoria Integrada da Ameaça é testada em uma série de estudos realizados com grupos de minorias e maiorias sociais diversos e de diferentes contextos. Nos EUA, algumas pesquisas feitas para analisar o comportamento de mulheres em relação a homens demonstram que o preconceito sexista foi predito apenas pela percepção de ameaça simbólica e pela ansiedade intergrupal. Já a visão pejorativa que os estadunidenses têm dos mexicanos e o juízo que grupos dominantes fazem dos beneficiários de políticas de ação afirmativa foram preditos pelas quatro dimensões do modelo: ameaça realística, ameaça simbólica, ansiedade intergrupal e estereótipos negativos. Os autores concluem afirmando que a ameaça causa o preconceito, sobretudo quando ela é antecedida por uma forte identificação com o grupo de pertencimento e quando os contatos intergrupais são negativos (Stephan, W. & Stephan, C., 2000). Na Figura 3.1, são sistematizados os elementos desse modelo.

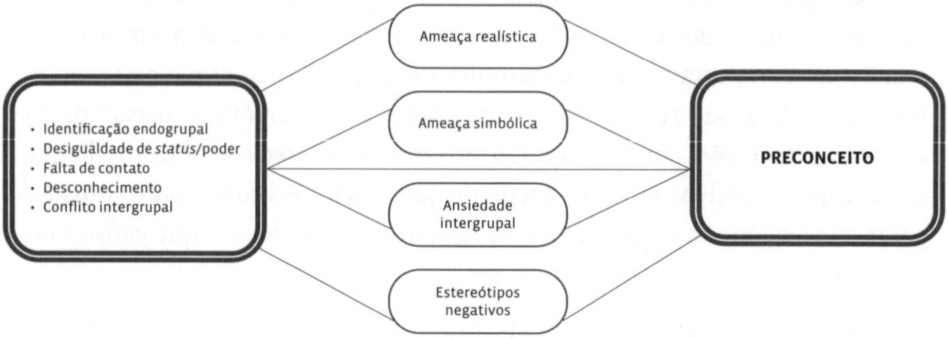

Figura 3.1 – Esquematização do Modelo da Ameaça Integrada.

Fonte: adaptada de Stephan & Stephan, 2000, p. 37.

Na Figura 3.1, pode-se notar que a Teoria da Ameaça Integrada propõe, além das quatro ameaças, um conjunto de fatores antecedentes potencializadores da relação ameaças-preconceito. São cinco os fatores antecedentes destacados: o conflito intergrupal, as desigualdades de status, a força da identificação com o grupo de pertencimento (endogrupo), o conhecimento do exogrupo e o contato intergrupal (ver Stephan, 2017, para uma revisão). O conflito intergrupal é definido como confrontos intergrupais sobre recursos escassos ou diferenças de cultura, normas e valores. As desigualdades de status e de poder, que são típicas dos encontros entre maiorias e minorias sociais, também potencializam os efeitos das ameaças sobre o preconceito, pois alimentam a busca do controle, o ressentimento e a percepção e ameaça ao *status quo*. Na mesma direção, o sentimento de identificação com o grupo de pertencimento, identificação endogrupal, interfere na intensidade das quatro ameaças. De acordo com a Teoria da Identidade Social (Tajfel & Turner, 1979), quanto maior a identificação com o grupo, maior a diferenciação em relação aos exogrupos relevantes e maior o viés de favorecimento endogrupal. O desconhecimento sobre o exogrupo também se relaciona com uma maior percepção de ameaça.

Sabemos que, embora a ignorância não seja a única causa da estereotipia, ela é um dos seus importantes fatores antecedentes e consequentes. O contato intergrupal é o quinto e último fator antecedente do preconceito na ITT. Como visto, Allport (1954) já havia referido o papel decisivo desse fator, tanto em termos de quantidade ou frequência de contato, quanto em termos da qualidade ou intensidade (grau de intimidade) do contato nas relações intergrupais. Mais contatos e, sobretudo, contatos mais positivos entre os grupos geram menos preconceito.

A Teoria Integrada da Ameaça se constitui como um importante modelo de análise dos efeitos de vários tipos de ameaça no preconceito. Destaca-se por considerar, de forma simultânea, ameaças reais e simbólicas, além de estereótipos e de desconforto emocional como causadores das atitudes negativas. O modelo apresenta suporte empírico de estudos variados, em diferentes contextos e envolvendo diferentes grupos. Todavia, a maior parte das evidências encontradas focam o preconceito tanto de maiorias contra minorias, quanto de minorias contra maiorias, o que enfraquece o poder preditivo da ITT em relação ao racismo, que tem direção única: da maioria contra a minoria, uma vez que é um fenômeno que integra a estratificação e o poder social com o preconceito racial (Operario & Fiske, 1998). Outra limitação da ITT é não considerar que a percepção de ameaça tem determinantes complexos, para além de um simples cálculo de interesses, envolvendo fatores psicológicos (individuais), mas não se restringindo a eles, uma vez que é multicausal e multinível (Bobo & Hutchings, 1996).

Outra crítica se refere ao fato de a teoria considerar apenas quatro ameaças como causas de preconceito, ignorando outros fatores que estão na origem do fenômeno; ainda que Stephan, Ybarra e Bachman (1999) reconheçam que as quatros ameaças não são os únicos fatores desencadeadores do preconceito e que a ITT não é capaz de explicar todos os aspectos do preconceito (Stephan, 2017). A teoria também é criticada por não distinguir de forma suficientemente nítida as ameaças e os antecedentes do preconceito. Estereótipos negativos e ansiedade intergrupal são melhor definidos como antecedentes do que como ameaças (Croucher, 2016).

Essa última crítica levou os autores a revisarem a ITT, nomeando-a de Teoria da Ameaça Intergrupal e mantendo somente dois dos subconjuntos originais das ameaças: ameaça realística e ameaça simbólica (Stephan, Ybarra, & Rios Morrison, 2015). Nessa nova versão, os estereótipos negativos do exogrupo são integrados às dimensões da ameaça realística (quando implicam um dano potencial ao endogrupo, como no caso do traço estereotípico "violentos") e da ameaça simbólica (quando têm o potencial de minar as normas, a cultura ou os valores do endogrupo, como no caso do traço "preguiçosos"). A dimensão da ansiedade intergrupal, por sua vez, passa a integrar as ameaças realísticas, uma vez que se refere ao medo de interagir com membros do exogrupo. Nessa versão revisada da teoria, também foi feita uma distinção entre ameaças de grupo e ameaças individuais. As primeiras são as dirigidas ao grupo como um todo, enquanto as segundas são as ameaças direcionadas a indivíduos porque pertencem a um grupo estigmatizado. Dessa forma, coexistem no modelo teórico revisado quatro tipos de ameaças: ameaças de grupo realísticas, ameaças de grupo simbólicas, ameaças individuais realísticas e ameaças individuais simbólicas (Stephan, 2017).

A Teoria do Preconceito Sutil

A Teoria do Preconceito Sutil (TPS) surgiu na década de 1990 no âmbito das teorizações sobre as "novas formas de racismo/preconceito". Pettigrew e Meertens (1995), analisando as atitudes de europeus em relação aos imigrantes, distinguiram duas expressões de preconceito, a flagrante e a sutil. A expressão flagrante é mais direta, aberta e "quente"; a sutil, por sua vez, é "fria", distante e indireta. A definição de preconceito flagrante adota as operacionalizações clássicas da psicologia social do racismo, combinando, à semelhança da Teoria da Ameaça Integrada, sentimentos de ameaça com rejeição do outro, tanto em relações mais formais quanto em contatos mais íntimos. Já a definição de preconceito sutil deriva dos postulados da teoria da congruência de crenças de Milton Rokeach, a qual propõe que a semelhança/dissemelhança de crenças entre membros de grupos diferentes é mais importante na definição do preconceito que o pertencimento a um grupo ou categoria social (Rokeach, 1960). Para os autores da TPS, a principal característica do preconceito sutil é o encobrimento das verdadeiras atitudes, seu caráter aparentemente antipreconceituoso (Meertens & Pettigrew, 1998).

Como vimos, Gordon Allport (1954/1979) define o preconceito como uma antipatia baseada em uma generalização falha e inflexível. Há, nessa definição clássica, dois princípios explicativos do fenômeno: um elemento afetivo (a antipatia) e outro cognitivo (a generalização). A Teoria do Preconceito Sutil

(TPS) adiciona a estes dois um terceiro e mais amplo princípio para explicar o preconceito, "um cluster ideológico de crenças que justifica a discriminação" (Pettigrew & Meertens, 1995, p. 58). Desse modo, a TPS articula, nas suas explicações do preconceito, elementos de nível intrapsíquico (processos cognitivos) e de nível interpessoal (afetivos) com aspectos de nível intergrupal, as crenças ideológicas.

A dimensão flagrante do preconceito é composta de duas subdimensões: a percepção de ameaça – "os imigrantes possuem empregos que deveriam pertencer aos nacionais"– e a rejeição do exogrupo – "não admitiria a possibilidade de manter relações sexuais com um imigrante". Já a dimensão do preconceito sutil é composta por três subdimensões: 1) a defesa dos valores tradicionais, referente à percepção de que os imigrantes se comportam de forma incorreta e condenável na sociedade de acolhimento – "os imigrantes transmitem aos seus filhos valores e aptidões diferentes dos necessários para serem bem-sucedidos na Europa"; 2) a subdimensão da acentuação das diferenças culturais, que diz respeito à percepção de que os imigrantes são muito diferentes culturalmente – "os imigrantes possuem valores e práticas sexuais muito diferentes dos europeus"; e 3) a negação de emoções positivas, que se caracteriza pela não expressão de simpatia e admiração em relação aos imigrantes (Lima, 2022).

O fenômeno analisado (variável dependente) na TPS é o preconceito sutil, operacionalizado em três dimensões: i) a defesa dos valores tradicionais, ii) o exagero na percepção de diferenças culturais e iii) a negação de emoções positivas aos membros do exogrupo. A defesa dos valores tradicionais liga-se ao conservadorismo e à manutenção das hierarquias, podendo ser interpretada como uma variável de nível posicional. O exagero das diferenças culturais situa-se em uma dimensão perceptiva intrapsíquica. A negação de emoções se insere, principalmente, em um nível interpessoal dos encontros com membros de grupos minoritários ou ainda a um nível mais comparativo intergrupal: "os negros não são piores, mas os brancos são melhores" (Pettigrew & Meertens, 1995, p. 60).

Os fatores causais do preconceito sutil, ou independentes, analisados no estudo clássico de Pettigrew e Meertens, foram nove: etnocentrismo, atitudes em relação ao antirracismo, amizades intergrupais, conservadorismo político, privação relativa, interesse pela política, orgulho nacional, idade e nível de escolaridade. A maioria dessas variáveis pode ser considerada de nível posicional ou intergrupal. Vala, Brito & Lopes (1998) verificam que quanto mais as pessoas manifestam expressões abertas de preconceito, mais também são capazes de manifestar as mais veladas; os que adotam expressões mais sutis são aqueles que evitam as mais abertas; enquanto os igualitários apresentam escores baixos, tanto nas subescalas de preconceito flagrante, quanto nas de sutil.

Estudos na Europa indicam que os cidadãos com escores elevados em ambas as medidas, ou seja, os preconceituosos flagrantes, são também os com níveis mais baixos de escolaridade, com idade mais elevada, que possuem menor quantidade de amigos fora do seu grupo nacional, que sentem mais orgulho do seu país, que possuem os maiores escores de privação relativa, são mais conservadores, estão mais à direita no espectro esquerda-direita e têm menos interesse em assuntos políticos (Meertens & Pettigrew, 1998; Pettigrew & Meertens, 1995).

Não obstante o mérito da Teoria do Preconceito Sutil de enfatizar o papel da percepção (acentuação) das diferenças culturais na expressão das mais modernas e indiretas formas de preconceito e de ter produzido uma distinção teórica e empírica entre as duas formas de expressão, o instrumento de coleta de dados construído por Pettigrew e Meertens (1995) recebe uma série de críticas à sua fundamentação metodológica. As principais críticas focalizam os seguintes aspectos: as respostas aos itens da escala sutil são influenciadas pela desejabilidade social, de forma que ela não é tão "sutil"; as correlações entre as duas dimensões (flagrante e sutil) são muito elevadas, o que indica serem pouco diferenciadas empiricamente; a pressuposição de que perceber diferenças culturais é preconceito colide com postulados centrais da multiculturalidade que afirmam a importância de reconhecer e respeitar as diferenças.

Reanálises dos dados utilizados por Pettigrew e Meertens indicam a existência de um fator associado ao preconceito geral e um segundo associado a diferenças culturais, diferindo substancialmente da estrutura original da escala (Coenders, Scheepers, Sniderman, & Verbek, 2001). Estudos feitos com amostras de estudantes universitários, mais atentos à desejabilidade social que a amostra original da escala, indicam que apenas 1,5% foram classificados como flagrantes, 29% como sutis e 69,5% como igualitários (Rueda & Navas, 1996), confirmando o caráter obstrutivo ou pouco velado da medida. Na mesma direção, Arancibia-Martini, Ruiz, Blanco e Cárdenas (2016), em um estudo com amostra de chilenos, testam a validade da medida e constatam que não pode ser estabelecida a existência dos dois tipos de expressão de preconceito, devido à alta correlação entre as duas dimensões. Os autores propõem a existência de um único fator de preconceito geral, formado por cinco dimensões, com destaque para a de rejeição cultural. Entretanto, Pettigrew e Meertens (2001) reanalisam os dados e respondem às críticas de não distinção entre as duas dimensões, citando estudos que replicaram a distinção em diferentes países, a exemplo de Portugal, Espanha, Bélgica, Alemanha, Estados Unidos e Itália.

Pode-se concluir que a distinção teórica entre o racismo mais flagrante e o mais sutil, tributária das análises de Gordon Allport (1954), permanece atual e operativa para a leitura dos preconceitos e do racismo, enquanto o teste empírico de tal distinção está em evolução, sendo mais sólido em alguns contextos em relação a alguns tipos de minorias sociais e mais frágil em outros. Na mesma direção da Teoria do Preconceito Sutil, também com a intenção de construir e validar instrumentos que distingam as expressões mais abertas das mais veladas de racismo, surge outra importante teoria específica, a do Racismo Moderno ou Simbólico.

A Teoria do Racismo Simbólico ou Moderno

A primeira conceituação dos chamados "novos racismos" data da década de 1970 e surge por meio do conceito de racismo simbólico, proposto por Sears e Kinder (1971). Esses autores definem esse tipo de racismo como um conjunto de atitudes negativas ou contrárias às políticas de ação afirmativa e às consequentes mudanças nas relações de dominação racial: "Nós o definimos como uma mistura de afeto antinegro e com o tipo de valores morais tradicionais da sociedade americana incorporados na ética protestante" (Sears & Kinder, 1971, p. 416).

Em termos de sua composição, o racismo simbólico se baseia em sentimentos e crenças de que os negros violam valores tradicionais da ética protestante (obediência, ética do trabalho, disciplina e busca do sucesso), daí a dimensão de ameaça "simbólica", que dá nome ao fenômeno. Segundo os autores da teoria, o termo "simbólico" foi escolhido porque o conteúdo do instrumento utilizado para aferir o construto enfatizava sentimentos e crenças adquiridos ao longo da socialização nos grupos dominantes, e não aspectos da competição direta com os negros (Sears & Kinder, 1971).

O racismo simbólico alimenta-se na lógica do "lugar do negro", à semelhança das formas mais tradicionais de sexismo. Nessa direção, quando os negros ou as mulheres desfrutam de mobilidade social, por meio da ocupação de cargos ou posições laborais/sociais importantes, surge um mal-estar nos dominantes, que se consideram não sexistas e não racistas, sendo disparada a percepção de ameaça que alimenta as expressões de racismo/sexismo.

Quase na mesma época em que surgiu a Teoria do Racismo Simbólico, surge a do "racismo moderno", também nos Estados Unidos, para significar o mesmo fenômeno. Em tal medida que a literatura psicossocial, ciente de que essas duas formas de racismo possuem muitos elementos comuns, as considera de forma indiferenciada (Biernat, Vescio, Theno & Crandall, 1996; Walker, 2001).

A Teoria do Racismo Moderno parte da necessidade de aferir atitudes raciais públicas em contextos em que as normas sociais coíbem as expressões mais flagrantes (Lima, 2022). Nessa direção, McConahay e Hough (1976) criam a escala de racismo moderno, cujos itens afirmam duas crenças, ambas comuns nas várias teorias de racismo estadunidense: a) a de que os negros recebem mais do que merecem em termos de benefícios estatais e b) a de que eles violam valores importantes da sociedade meritocrática.

> *O racismo moderno é uma expressão, em termos simbólicos e ideológicos abstratos, do sentimento de que os negros violam valores importantes e de que possuem demandas ilegítimas por mudanças no* status quo *social. (McConahay & Hough, 1976, p. 38)*

Tratam-se, pois, de atitudes movidas pela percepção de violação do *American Creed* que estrutura a cultura racista nos EUA: "Os americanos advogam a igualdade de oportunidades, mas não a igualdade de resultados/benefícios" (McConahay, 1986, p. 99).

As teorias do racismo simbólico e moderno adotam dois princípios explicativos: noções de conflito realístico e o próprio racismo simbólico. Inspirada na teoria realista do conflito de LeVine e Campbell (1972), a teoria propõe a existência de uma relação competitiva entre negros e brancos, que produz a percepção de ameaça. A ameaça é entendida pelos autores em quatro esferas: dessegregação residencial, competição econômica, percepção de violência dos negros e dessegregação escolar. A percepção de ameaça, em qualquer dessas esferas, ativa a hostilidade contra os negros.

Como vimos, o racismo simbólico é definido como uma forma de resistência à mudança no *status quo* das relações racializadas, que se baseia na percepção de que os negros violam valores do individualismo. Pode-se inferir que os princípios explicativos adotados na teoria (percepções e sentimentos individuais de ameaça) situam-se nos níveis intraindividual e interpessoal. A variável dependente adotada na maior parte dos estudos clássicos da teoria é o comportamento eleitoral de intenção de voto e a avaliação de candidatos negros em eleições nos Estados Unidos, uma variável de nível atitudinal, de escolha individual.

Já a congênere Teoria do Racismo Moderno considera como princípio explicativo um conjunto de crenças ou uma ideologia contrária ao racismo tradicional, mas, simultaneamente, contra o avanço dos negros nas políticas de ação afirmativa (McConahay, 1986). Pode-se dizer que esta é uma explicação de nível intrapsíquico, pois a ambivalência referida é situada no nível do indivíduo, gerando sentimento de dissonância cognitiva, classificados por Doise (1980) como sendo individuais. As variáveis independentes são as mesmas propostas por Kinder e Sears (1981). Os itens da escala criada, assim como os da de racismo moderno, exploram aspectos relacionados ao avanço dos negros em uma sociedade pós-direitos civis. Os racistas modernos seriam aqueles que habitam uma zona de ambivalência de atitudes e sentimentos, com elevados escores na escala de racismo moderno e baixos escores na escala de racismo tradicional. As variáveis dependentes consideradas nos estudos citados por McConahay (1986) referem-se a situações nas quais há ou não justificativas (diferenças evidentes de qualificação para o cargo ou saliência da categorização racial) para intenção de contratação de candidatos brancos ou negros a um emprego.

Ambas as teorias focalizam predisposições atitudinais dos brancos contra os negros, e não o conflito realístico entre os grupos sociais por acessos materiais. Tal pressuposto recebe duas críticas principais: a) o teste da centralidade dos pressupostos do racismo simbólico/moderno *versus* conflito real não foi realizado, dada a pouca clareza na definição de interesses grupais e b) por forçar o encaixe das complexas atitudes raciais dentro de um espectro que varia da tolerância à intolerância, o racismo simbólico superdimensiona a força do movimento pelos direitos civis como uma força ameaçadora (Bobo, 1983). Para esse autor, a rejeição dos brancos aos negros reflete conflito real de interesses, e não simplesmente uma nova forma de preconceito. Pesquisas indicam que a percepção de conflito real entre brancos e negros e as predisposições policiais agressivas são os melhores preditores da intolerância racial e do desejo de segregacionismo nos Estados Unidos (Bobo, 1983). O autor demonstra que as percepções subjetivas sobre ameaças (simbólicas) não podem ser colocadas de forma estanque a uma dimensão de conflito real, por recursos e poder entre os grupos, uma vez que as crenças, estereótipos e atitudes hostis contra os negros servem para justificar, para os próprios brancos, a resistência às demandas de mudança social e a manutenção da opressão.

Não obstante as limitações referidas, as Teorias do Racismo Simbólico e Moderno recebem um conjunto significativo de validação empírica em vários contextos racializados, além do estadunidense, e com outras minorias-alvo, a exemplo dos aborígines na Austrália, asiáticos nos EUA, negros no Brasil (Santos, Gouveia, Navas, Pimentel, & Gusmão, 2006) e imigrantes na Europa (Pikes, 2012).

Racismo no Brasil e as explicações de nível posicional da psicologia social

As quatro teorias analisadas neste capítulo são importantes para o entendimento dos fenômenos identitários associados às percepções de ameaças (simbólica e realística), que estruturam algumas das mais modernas expressões de racismo. Todas são teorias muito referidas, uma delas é, inclusive, considerada emblemática da psicologia social europeia, a Teoria da Identidade Social (Jesuíno, 2003). Cabe, entretanto, indagar sobre a repercussão dessas teorias para a análise ou leitura do racismo no Brasil e sobre como foram apropriadas e usadas no nosso contexto. Com esse objetivo, procedemos a uma série de buscas nos periódicos Capes, nos dias 21 e 24 de outubro de 2021, introduzindo (usando aspas) na linha de busca os termos-chave das quatro teorias, predefinindo a referência a qualquer dos termos no assunto ou título da publicação e adotando como critério de inclusão que fossem publicações em português, artigos, revisados por pares, e como critérios de exclusão itens repetidos.

Na primeira busca (21 outubro de 2021), o termo introduzido foi "identidade social". Foram recuperados 1472 registros, demonstrando ser o tema de importância para a pesquisa nacional; ainda que apenas 25 dos mais de 1400 registros sejam publicações da psicologia. Quando, em uma segunda busca, introduzimos os termos "Teoria da Identidade Social", o número de registros caiu para 972, com 65 na área da psicologia somada à multidisciplinar, a maioria deles em estudos de gênero (*Women's Studies*, 34; *Women Feminism*, 17; *Women*, 13; *Gender*, 12), apenas 17 deles em periódicos de psicologia. Finalmente, no dia 24 de outubro, conforme nosso objetivo de análise do uso da teoria para leitura do racismo nacional, procedemos a uma terceira busca, usando desta vez os termos "identidade social" e "racismo". Foram recuperados 167 registros, 15 deles nas áreas multidisciplinar/psicologia, apenas dois em revista específica de psicologia, ambos publicados na *Revista de Psicología* de Lima, Peru.

Dentre os 167 artigos, 62 tratam da realidade de países de língua espanhola, 71 abordam temas não relacionados diretamente ao racismo, sobretudo questões identitárias de gênero, a exemplo de "Análise da identidade dos restaurantes de Fortaleza", "Diálogos entre Colonialidade e Gênero", "Motherhood and intersectional feminism debated on the Mamilos podcast" e "Humor e discriminação por orientação sexual no ambiente organizacional". Os restantes, de alguma forma, analisam a relação entre identidade e racismo. Na maior parte dos casos, adotando uma noção *lato sensu* de identidade, sem especificar uma teoria – por exemplo: "A hipótese colonial, um diálogo com Michel Foucault: a modernidade e o Atlântico negro no centro do debate sobre racismo e sistema penal" –; ou considerando o racismo no campo da interseccionalidade com o gênero – "Feminismo negro: raça, identidade e saúde reprodutiva no Brasil (1975-1993)", "Experiências de interação de brasileiras com publicidades contraintuitivas protagonizadas por mulheres negras: recomendações para usos da imagem de negros na mídia", "Resistência Cultural, gênero, raça e sexualidade em Cuba e no Brasil: entrevista com Tanya Saunders" e "A performance narrativa de uma blogueira: 'tornando-se preta em um segundo nascimento'" –; ou ainda em entrevistas nas quais aparecem, sem discussão teórica ou pesquisa empírica, os termos pesquisados – "O racismo na atualidade e o conhecimento como estratégia para seu enfrentamento: entrevista com o professor doutor Silvio Almeida", "Letramento racial crítico: uma narrativa autobiográfica" e "Guerreiro Ramos: o personalismo negro".

Apenas 19 dos artigos encontrados analisam o racismo de forma específica. Destes, somente quatro utilizam, ainda que de forma indireta, noções da Teoria da Identidade Social para ler o fenômeno. Pereira, Torres e Almeida (2003), em um estudo empírico sobre racismo, citam a TIS na fundamentação teórica, como importante teoria psicossocial para entender o preconceito, mas não a referem na metodologia e discussão dos resultados. Gouveia et al. (2006) citam o termo "identidade social" uma vez para referir sua conexão com os valores humanos. Bonin (2013) utiliza o termo identidade social para analisar a recepção de uma novela entre camponeses descendentes de italianos e alemães no Brasil. Fernandes e colaboradores (2007) também referem às identidades sociais na fundamentação teórica do seu artigo sobre dominância social e preconceito. Assim, é possível concluir, a partir da nossa busca, que nenhum dos artigos que foram recuperados utilizou a Teoria da Identidade Social, de Henri Tajfel, de forma direta e sistemática para a análise do racismo brasileiro.

No dia 22 de outubro de 2021, na linha de busca dos periódicos Capes, foram introduzidos os termos "Teoria da Ameaça Integrada" e "Modelo da Ameaça Integrada", considerando os mesmos critérios de inclusão e exclusão da busca anterior. Não foram recuperados registros, ou seja, nenhum trabalho publicado em português e revisado por pares no repositório dos periódicos tratou dessa teoria.

No mesmo dia, buscamos a terceira teoria analisada neste capítulo. Os termos usados foram "Teoria do Racismo Sutil" e "Teoria do Preconceito Sutil". Nove trabalhos foram recuperados. Seis deles eram estudos sobre preconceito sutil contra minorias sexuais (homossexuais, lésbicas e mulheres), um era repetido e um não tocava o tema de forma específica – "La alteridad desde la perspectiva de la transmodernidad de Enrique Dussel". De forma que apenas o artigo "Um estudo do preconceito na perspectiva das representações sociais: análise da influência de um discurso justificador da discriminação no preconceito racial", de Pereira Torres & Almeida (2003), citava na sua fundamentação a Teoria do Preconceito Sutil, mas não a utilizava na pesquisa realizada.

A busca sobre a "Teoria do Racismo Moderno" e a "Teoria do Racismo Simbólico", feita dia 24 de outubro de 2021, retornou 13 artigos. Quatro tratavam de estudos em países de língua espanhola, dois foram sobre preconceito contra gays e lésbicas, um artigo estava repetido, outros três eram gerais e não abordavam as teorias citadas. Restaram três artigos nos quais aparecia a Teoria do Racismo Simbólico. O artigo de Santos, Gouveia, Navas, Pimentel e Gusmão (2006) trata da adaptação da escala de McConahay (1986) para o contexto brasileiro. Já Modesto e colaboradores (2017) testam o Modelo da Discriminação Justificada em relação a cotas raciais em uma universidade pública. Para avaliar o preconceito dos participantes, os autores usam a Escala de Racismo Moderno adaptada para o Brasil e autores confirmam a hipótese de que a percepção da ameaça realística atua como mediadora da relação entre preconceito e discriminação: os mais preconceituosos percebem mais o ingresso dos estudantes cotistas na universidade como uma ameaça, e quanto maior a percepção e ameaça mais discriminação contra os cotistas. Já Dos Santos e Cardoso (2020) utilizam o termo "racismo moderno" apenas na bibliografia, como uma das referências citadas.

Encaixes e desencaixes das explicações de nível posicional da psicologia social para o racismo no Brasil

Nos Capítulos 1 e 2, constatamos uma baixa utilização por parte dos pesquisadores brasileiros das teorias de nível intraindividual e interpessoal para explicação do preconceito racial e do racismo. No presente capítulo, vimos que a

Teoria da Identidade Social, ou, de forma mais precisa, a noção de identidade social é um tema muito pesquisado no Brasil. Quase 1.500 registros foram recuperados para esse termo na busca empreendida nos periódicos Capes. Destes, 25 se inseriram em periódicos da Psicologia e outros 75 na área multidisciplinar, demonstrando ser um tema mais pesquisado fora das fronteiras disciplinares da psicologia. Quando refinamos a pesquisa para encontrar trabalhos que relacionassem identidade social e racismo, vimos que restaram 167, nenhum publicado em uma revista de psicologia nacional. Uma análise mais fina dos resumos indicou que restaram 34 artigos que se encaixam nos nossos critérios de inclusão, 19 deles tratam do racismo de forma específica, mas apenas quatro utilizaram, ainda que de forma indireta, os pressupostos de qualquer uma das duas mais importantes perspectivas psicossociais da Teoria da Identidade Social (TIS), seja da Escola de Bristol ou da Escola de Genebra.

Em relação ao Modelo da Ameaça Integrada de Stephan e Stephan (2000), não encontramos trabalhos publicados sobre ele na nossa busca. Sobre a Teoria do Preconceito Sutil ou, como ocorre em algumas traduções nacionais, do "Racismo Sutil", foram encontrados oito textos (não repetidos), a maioria focando minorias sexuais (dimensão preconceito). Apenas um artigo usou essa teoria, na fundamentação teórica ou como princípio explicativo, para entender o preconceito racial no Brasil. Finalmente, sobre a Teoria do Racismo Moderno ou Simbólico, vimos que três artigos emergiram da nossa busca. Dois deles usam efetivamente a teoria. O primeiro validou a escala original para o contexto nacional e o outro usou a escala para avaliar o preconceito dos participantes na sua relação com as políticas de cotas. Já no terceiro artigo as teorias aparecem apenas na bibliografia utilizada.

Como vimos, a Teoria da Identidade Social de Tajfel (1982) se baseia em três pressupostos fundamentais: (i) os indivíduos se auto definem e avaliam em função dos seus pertencimentos sociais, os quais geram identificações sociais; (ii) a identidade social pode ser positiva ou negativa, a depender do status dos grupos que contribuem para ela; e (iii) os outros grupos no ambiente social constituem a estrutura referencial para as comparações sociais que definem a valência do sentimento associado aos pertencimentos. De acordo com a TIS, uma identidade social negativa, aquela que ameaça a autoestima e se associa a estigmas sociais, como é o caso da identidade racial minoritária nas sociedades racistas como a nossa, pode levar a três estratégias de gestão do pertencimento minoritário: mobilidade individual, criatividade social e competição social. Na mobilidade individual, o indivíduo tenta se dissociar do seu grupo de pertencimento, rejeitando ou negando a identificação minoritária. A estratégia da criatividade social consiste em redefinir ou ressignificar os padrões da comparação social. A ressignificação do conceito de "raça", como algo positivo, é um exemplo do segundo processo de criatividade social. Na competição social, ocorre conflito na busca por uma distintividade social positiva (Tajfel, 1978).

No caso do racismo brasileiro, o branqueamento é a manifestação da estratégia identitária de mobilidade individual, implicando em uma deserção subjetiva e até mesmo objetiva do pertencimento estigmatizado, uma vez que pode interferir inclusive nas escolhas amorosas. No Brasil, diferentemente dos Estados Unidos onde qualquer pessoa com ancestrais negros pode ser considerada negra, mesmo que pareça fenotipicamente branca (Degler, 1971), a mobilidade individual permitida pela ideologia do branqueamento dificultou a organização político-identitária dos negros, retardando a emergência de políticas de ação afirmativa e, inclusive, o reconhecimento oficial do racismo nacional, que só aconteceu na década de 1990 (Telles, 2004). Pesquisas demonstram que a mobilidade individual, mesmo quando apenas antecipada, diminui a identificação com o grupo de origem, a preocupação com a sua situação e o reconhecimento de que ele é vítima de racismo (Chipeaux, Kulich, Iacoviello, & Lorenzi-Cioldi, 2017).

A estratégia da criatividade social fica evidente, por exemplo, em produções político-culturais, como a criação da revista *Raça Brasil*, em 1996, como uma das primeiras publicações com conteúdo específico relacionado à cultura negra no Brasil. Trata-se de uma estratégia identitária que, adotando o rótulo pejorativo racialista, o ressignifica em prol da valorização da "raça" negra: "Na revista *Raça Brasil*, a luta para a conquista da cidadania e o direito ao consumo são temas recorrentes nos editoriais" (Nicolini, 2007, p. 16).

Talvez por conta da ideologia da mestiçagem, transformada por Gilberto Freyre (1933) em uma virtude do contato, ao invés de um vício da violência sexual opressiva (Bieber, 1997), a estratégia identitária da competição social foi menos saliente do que as outras duas na história do nosso racismo. Aqui surgiu a tese do *mullato escape hatch*, como descrita por Degler (1971), que propõe que o "mulato" ou os pardos se constituem em uma "saída de emergência" para o negro. Tal mecanismo colabora para aumentar as percepções de legitimidade e de estabilidade do sistema de opressão, outros dois conceitos-chave da TIS que têm potencial para ampliar o entendimento do racismo nacional.

Muniz, Porto e Fuks (2019), analisando dados representativos da população brasileira (Datafolha de 2008), aplicam o conceito de *groupness* entendido como senso de pertencimento e solidariedade a um grupo em relação a outros grupos, para entender as relações raciais no Brasil. Os autores constatam que as atitudes dos brancos, pardos e pretos acerca das políticas de ação afirmativa eram mais definidas pelo estrato econômico do que pela cor da pele dos grupos, o que sinaliza para uma certa fragilidade da identificação com o grupo racializado no Brasil. Também verificam, confirmando outros estudos, que os pardos apresentam atitudes tão racistas quanto os brancos e que os pretos relatam sofrer mais discriminação racial (36%) do que os pardos (18%). Os autores concluem:

> *Por fim, em relação à política de cotas raciais, é possível que as recentes políticas públicas direcionadas a grupos raciais tenham um efeito, a médio prazo, sobre a constituição de grupos raciais mais coesos no Brasil, aproximando pardos e pretos, e isolando os brancos. É também possível que, ao contrário, as linhas de cor sejam redesenhadas e os pardos sejam excluídos da "negritude". (Muniz, et al., 2019, p. 17)*

Estudos nacionais apontam que crianças negras de até 10 anos de idade podem favorecer o grupo dos brancos em detrimento dos pretos na distribuição de recompensas (França & Monteiro, 2013). O favorecimento dos brancos pelos negros sinaliza uma limitação importante da Teoria da Identidade Social, que interfere no seu uso para entendimento do racismo nacional. Como destacam Hinkle e Brown (1990), o favorecimento por parte da minoria social (os negros) do exogrupo racial (brancos) não se encaixa com os postulados centrais da TIS de que os grupos criam e mantêm identidades positivas mediante os processos de favorecimento do seu grupo. De modo que a TIS tem certa dificuldade em explicar a estereotipia negativa do próprio grupo. Ainda que a teoria proponha, por meio dos conceitos de legitimidade e estabilidade, que os grupos minoritários podem internalizar imagens negativas sobre si mesmos, quando percebem que tais imagens são legítimas (justas) e estáveis (não mudam) (Tajfel & Turner, 1986). Não é possível ignorar o fato de que as crianças pertencentes a minorias sociais apreendem e expressam, nos processos de socialização racistas, estereótipos negativos do seu grupo, antes de serem capazes de avaliar a justiça e a estabilidade do sistema opressor. Com efeito, parece mais apropriado pensar que o favorecimento minoritário do exogrupo dominador reflete o fenômeno da "falsa consciência" ou da dominação simbólica, derivado de mecanismos de justificação do sistema ideológico nas relações intergrupais. Esse aspecto será mais bem desenvolvido pelas teorias de nível ideológico que veremos no capítulo seguinte.

Em relação à Teoria Integrada da Ameaça, vimos que sua ideia central é a de que o medo e a percepção de ameaças reais e simbólicas estão na origem das expressões de preconceito. Olhando para a história do racismo no Brasil, constata-se que o sentimento de ameaça esteve sempre presente nas suas configurações. Como refere Herbert Blumer, na sua teoria do senso de posição grupal, os grupos dominantes ou opressores não estão preocupados com os grupos oprimidos, sua preocupação é manter a sua posição, de forma que "está tudo certo quando cada raça está em seu lugar" (Blumer, 1958, p. 4). Desde a época do escravismo, quando o Brasil chegou a possuir 20% da população preta e 38% parda, de acordo com o Censo de 1872, a identidade social minoritária se constituía como fonte de ameaça aos brancos (Alencastro, 1998). Ameaça que era, além de material e simbólica, biológica, de mistura e "degenerescência racial", sendo combatida pela política de imigração do governo no século XIX.

A percepção de ameaça também estava assente quando políticas estatais de branqueamento da população, prescritas pelos eugenistas, estruturaram o financiamento da imigração que trouxe, na década de 1890, mais de 1,2 milhão de imigrantes brancos europeus e mais de 2 milhões nas três décadas seguintes (Telles, 2004). Após a abolição da escravidão, pode-se afirmar que o racismo nacional ficou silenciado, a ponto de alguns observadores externos e outros do governo afirmarem que ele não existia, sobretudo, quando comparado ao racismo estadunidense do Jim Crow ou ao do Apartheid da África do Sul. Antônio Sérgio Guimarães destaca essas diferenças de racismos de modo emblemático:

> *O modelo de relações raciais americano exibia um padrão violento, conflitivo, segregacionista, vulgarmente conhecido como Jim Crow, sancionado por regras precisas de filiação grupal, baseadas em arrazoados biológicos que definia as raças. O modelo brasileiro, ao contrário, mostrava uma refinada etiqueta de distanciamento social e uma diferenciação aguda do* status *e de possibilidades econômicas, convivendo com equidade jurídica e indiferenciação formal; um sistema muito complexo e ambíguo de diferenciação racial, baseado sobretudo em diferenças fenotípicas, e cristalizado num vocabulário cromático. (Guimarães, 1999, p. 39)*

Entretanto, o mesmo autor destaca que o racismo estrutura as marcadas distinções de classe, com muita sobreposição entre classe e cor. Na década de 1960, Florestan Fernandes já havia destacado os aspectos dessa sutileza do racismo nacional, quando afirmou que o preconceito de cor era condenado como um mal, degradante para quem pratica e ultrajante para quem sofre (Fernandes, 1966). Esse racismo disfarçado, "preconceito de ter preconceito", foi a marca definidora das relações racializadas do Brasil durante muitos anos. Entretanto, ele não impediu (muito pelo contrário) que aqui, no país da democracia racial, houvesse, até bem pouco tempo atrás, menos negros nas universidades do que no racismo do Apartheid da África do Sul (Munanga, 1996).

Todavia, o racismo velado, da "etiqueta sutil de distanciamento", tem mudado nos últimos anos suas formas de expressão em função da percepção de ameaça realística. Como demonstram Lima, Neves e Silva (2014), com as políticas de cotas de acesso às universidades públicas, sobretudo, a partir do início dos anos 2000, e, mais intensamente, com a Lei 12.711, promulgada em 2012 – e mais recententemente com a nova Lei de Cotas (Lei 14.723/2023) –, o racismo nacional transmutou-se do paternalismo da dominação adocicada para as lógicas de defesa de posição e privilégios de grupos, à semelhança do que propõe a Teoria da Ameaça Integrada. Com todas as reverberações na mudança de conteúdo e valência dos estereótipos dos negros (Lima & Leite,

2021), houve aumento da ansiedade nos contatos entre brancos e negros, e incremento na percepção de ameaça realística e simbólica. Tudo isso moderado pela maior identificação social com o grupo, maior relevância das pautas raciais, mais contato e conflito intergrupal. Trata-se, portanto, de um modelo que pode inspirar muitos estudos sobre o racismo no Brasil pós-políticas de ação afirmativa. Esse movimento de mudança do racismo nacional, da acomodação para a ameaça à lógica do "lugar do negro", expressa-se com perfeição em manifestações públicas anticotas que emergiram nos últimos anos, como se pode ver na Figura 3.2.

Figura 3.2 – "Negro só se for na cozinha do RU, cotas não!". Grafite contra as cotas, pintado no muro de uma universidade pública, no sul do Brasil, em 2007.

Fonte: UOL, retirada de Pinto, 2015, p. 212.

Como vimos, a principal contribuição da Teoria do Preconceito Sutil foi permitir o teste empírico dos postulados de Allport (1979) sobre o preconceito para o entendimento das atitudes dos europeus face aos imigrantes. Nesse sentido, a percepção e diferença cultural é um aspecto central da teoria e da medida de preconceito proposta. No nosso entendimento, o racismo do Brasil não se estrutura pela percepção de diferenças culturais entre brancos e negros, como ocorre nos racismos europeus (contra os imigrantes) e estadunidense (contra os negros). Venturi e Paulino (1995), em estudo com amostra representativa da população nacional, perguntam "o que cidadãos fariam se várias famílias negras viessem morar na vizinhança".

Os resultados mostram que 93% dos brancos e 94% dos pardos respondem que "não se importariam". Mesmo dentre os brasileiros que admitem possuir preconceito contra os negros, ou seja, os racistas mais flagrantes, 69% dos brancos e 75% dos pardos afirmam que não se importariam. Ainda que no estudo original desses autores não houvesse perguntas específicas sobre percepção de diferença de valores entre brancos e negros, consideramos que a rejeição de contato ou proximidade de vizinhança se estrutura pela percepção de diferenças culturais. O próprio fato de que, em um estudo com um questionário tão amplo e diversificado como o feito pelo Datafolha, não haja perguntas sobre percepção de diferenças culturais é um indicador de que esta não é uma dimensão central na configuração do racismo nacional contra os negros.

Diferentemente do racismo que surgiu nas ex-colônias da Inglaterra, o racismo do Brasil se estruturou por uma imposição de desigualdades nas condições materiais de vida aliada à uma visão assimilacionista no plano da cultura (Schwarcz, 1998). Enquanto o racismo engendrado pela colonização dos europeus mais do Norte era diferencialista, estruturado pela defesa da diferença, o racismo dos europeus do Sul, sobretudo o dos portugueses, era o da busca da semelhança, assimilacionista:

> *Desse passado histórico derivaria igualmente o caráter "cristocêntrico" – e não etnocêntrico – da colonização portuguesa, transmissora de valores universais e não especificamente nacionais. Por tudo isso, o resultado final da presença de Portugal no ultramar seria a criação de uma verdadeira civilização "luso-tropical", fundada na fusão de elementos de proveniências várias. (Alexandre, 1999, p. 14)*

Darcy Ribeiro, em uma perspectiva etnográfica, vai na mesma direção quando, discorrendo sobre a mestiçagem no Brasil, estende a tese assimilacionista para a relação dos portugueses com os indígenas, pela prática do "cunhadismo":

> *Na sua relação com os portugueses os índios tinham que encontrar um modo, e o modo que encontraram para obter objetos foi o "cunhadismo". Quando chegava um estranho na aldeia, davam a ele uma mulher. Começaram a levar uma moça de cada aldeia para o branco que mais se aproximava deles. E como muitas aldeias levaram muitas moças, surgiu o cunhadismo. (Ribeiro, 1996, p.195)*

Não se quer com isso defender a ideia radical de que a percepção de diferença cultural não possa ter, em alguma medida, efeitos sobre o racismo nacional. Ou que há racismos mais brandos que outros. Como refere Taguieff (1997), depois do genocídio nazifascista, a humanidade envergonhada construiu um novo racismo, um racismo sem raças. Todos os chamados "novos racismos" que surgem nas décadas de 1980 e 1990 caracterizam-se por serem diferencialistas culturalmente (Wieviorka, 1995, 2002). As hierarquias raciais, que haviam caído em descrédito, foram substituídas pelas hierarquias culturais, mantendo-se as lógicas de estratificação e opressão das minorias, que são percebidas a partir de agora como possuindo práticas culturais rígidas, inferiores, essencializadas, enfim, racializadas (Vala et al., 1998).

Todavia, no Brasil, desde o período escravocrata, a percepção de diferença cultural foi secundarizada pela posição econômica na estrutura social. Já durante a escravização, importava incluir os negros e indígenas na cultura e fé católicas do regime para excluí-los dos benefícios econômicos: "Nossa formação social, tanto quanto a portuguesa, fez-se pela solidariedade de ideal ou de fé religiosa, que nos supriu a lassidão de nexo político ou de mística ou consciência de raça" (Freyre, 1933/1983, p. 196). Importante referir que a inserção dos negros no sistema da cristandade colonial e na cultura nacional, de forma geral, foi marcada pela opressão e assimilação (Oliveira, 2007).

As Teorias do Racismo Simbólico e Moderno integram, como vimos, atitudes e sentimentos ambivalentes em relação aos negros nos Estados Unidos pós-Declaração dos Direitos Civis, promulgada em 1964 como *Civil Rights Act*. Dentre outras garantias, a Lei reforçou o direito dos cidadãos negros ao voto, a dessegregação (fim das Leis de Jim Crow) e a proibição da discriminação com base em raça. As duas teorias concebem o racismo como consequência de, por um lado, cumprimento das normas antirracistas e, por outro, sentimento de ameaça de perda de posição e status social face ao avanço dos negros.

No Brasil, a primeira norma oficial contra o racismo é a Lei Afonso Arinos, promulgada pela primeira vez em 1951, tornando contravenção penal a discriminação racial, de autoria do deputado federal Afonso Arinos de Melo Franco, cuja elaboração foi motivada por um caso de racismo contra uma bailarina afro-americana, proibida de se hospedar em um Hotel de São Paulo; tendo o caso mais repercussão negativa no exterior do que no Brasil. Em 1985, a Lei 1.390, Lei Afonso Arinos, é ampliada para incluir a prática de atos resultantes de preconceito de raça, de cor, de sexo ou de estado civil. Em 2012, 22 anos depois do reconhecimento oficial por parte do Governo Federal de racismo no Brasil (Telles, 2004), é sancionada a Lei 12.711, reservando 50% das vagas das universidades e institutos federais de Ensino Superior a estudantes de escolas públicas e, dentre eles, pretos, pardos, indígenas e pessoas com deficiência.[1]

Em um certo sentido, esses são nossos dados normativos, ainda que tardios, da "Era dos Direitos Civis" para os negros. Na década de 1990, outras iniciativas de políticas de ação afirmativa já haviam sido disparadas e, nos anos 2000, alguns estados da federação também desenvolveram iniciativas próprias de combate ao racismo. Passados agora mais de 10 anos da principal lei de ações afirmativas para os negros no Brasil, a Lei 12.711, podemos dizer que estamos, temporalmente, em um contexto semelhante ao do início das teorizações sobre racismo simbólico/moderno nos EUA. Aqui também já se nota o sentimento de ambivalência de muitos brancos em relação ao "avanço" dos negros e às pressões das normas antirracistas e a concomitante ameaça que essa percepção gera.

Não obstante, a população negra está em severas desvantagens em relação à branca, no que concerne ao mercado de trabalho, distribuição de rendimento, condições de moradia, educação, violência e representação política (IBGE, 2019). O acesso de amplos contingentes de negros nas universidades públicas, por meio das cotas raciais, criou um cenário de percepção de ameaças à ideologia da branquitude, muito semelhante a que aparece nas teorias

1 A Lei 12.711 foi perfeiçoada em 2023, pela Lei 14.723.

do racismo simbólico e moderno. Em um estudo que fizemos comparando atitudes de estudantes universitários antes da implantação das cotas raciais em uma universidade pública e depois da implantação, demonstramos que antes as atitudes eram mais favoráveis aos negros e às cotas (Lima, Neves, & Silva, 2014). Os negros eram percebidos como mais positivos e as atitudes em relação a eles mais encobertas pela ideologia do paternalismo. Naquele contexto, os contrários às cotas afirmavam que elas eram uma discriminação contra a competência dos negros. Cinco anos depois, quando as cotas foram implementadas, as atitudes mudaram, os contrários, principalmente aqueles de cursos mais concorridos, agora afirmavam que elas eram discriminatórias contra os brancos, ou seja, o paternalismo da dominação adocicada foi substituído pela lógica do senso de posição grupal, da garantia hostil de privilégios. Isso nos leva a refletir que as lógicas presentes no racismo moderno/simbólico são úteis para leitura do atual racismo do Brasil.

Conclusão

A proposta deste capítulo foi analisar o poder explicativo que teorias clássicas e modernas de nível posicional da psicologia social têm para o entendimento do racismo no Brasil. Para tal, foram consideradas, no âmbito mais geral, as teorias da Identidade Social e da Ameaça Integrada. Como explicações específicas, foram analisadas as do preconceito sutil e do racismo moderno/simbólico. Embora haja outros aportes sobre a identidade social, dentro e fora da psicologia social, a TIS de Tajfel, pela sua coerência e sistematização, tornou a identidade um tema central na disciplina (Worchel, Morales, Paez, & Deschamps, 1998). As demais teorias descritas neste capítulo também foram responsáveis pelo desenvolvimento de muitos modelos explicativos do racismo e de várias formas de preconceito na psicologia (ver Lima, 2020). Entretanto, como nos capítulos anteriores, novamente detectamos o baixo aproveitamento dessas teorias no Brasil.

A TIS, embora tenha aparecido em alguns estudos, não foi testada de forma específica para a análise do racismo nacional. O mesmo aconteceu com as outras teorias, ainda que tenha sido validada aqui a escala de racismo moderno. Pode-se afirmar que as quatro teorias consideradas utilizam a percepção de ameaça, realística ou simbólica, como princípio explicativo do conflito do racismo. Talvez, por isso, elas tenham sido pouco aproveitadas pela psicologia nacional para explicar especificidades do racismo à brasileira. Sabe-se que aqui, diferentemente dos contextos europeu e norte-americano de emergência dessas teorias, a percepção/sentimento de ameaça não era, até final da década de 1990, uma marca importante do racismo. Todavia, nos últimos anos, esse se tornou um aspecto central a ser considerado nas análises do fenômeno na nossa sociedade (Lima, 2019). Dessa forma, adaptações de instrumentos de pesquisa dessas teorias, bem como os princípios interpretativos do modelo da ameaça e da Teoria da Identidade Social podem ser muito úteis para o desenvolvimento de linhas de pesquisa sobre racismo no Brasil.

As teorias analisadas neste capítulo situam-se a um nível posicional dos indivíduos na estrutura social. No entanto, sabemos que o racismo é um fenômeno sistêmico, que depende das ideologias e normas que estruturam o campo das relações intergrupais. No capítulo seguinte, analisaremos como teorias psicossociais clássicas e modernas de nível ideológico foram (ou podem ser) empregadas para o entendimento do racismo no Brasil.

4. O racismo e as explicações de nível ideológico: modelos societais

Todas as distinções mencionadas aqui – entre homens livres e escravos, brancos e negros, ricos e pobres – se baseiam em ficções. Ainda assim, é uma lei férrea da história que toda hierarquia imaginada negue suas origens ficcionais e afirme ser natural e inevitável.

(Harari, 2018, p. 142)

No Capítulo 3, foram apresentadas e discutidas as explicações para o racismo cujo foco predominante são as relações e posições dentro dos grupos. Foram descritas e analisadas as explicações da Teoria da Identidade Social (Tajfel & Turner, 1979), da Teoria da Ameaça Integrada (Stephan & Stephan, 1985) e, ao nível mais específico, as Teorias do Racismo Sutil (Pettigrew & Meertens, 1995) e Moderno (McConahay, 1986). Tais teorias despertaram pouco interesse para a análise do racismo nacional, não obstante focarem os aspectos de status e percepção de ameaça, centrais para o entendimento do fenômeno. No presente capítulo, serão analisadas três das mais importantes teorias psicossociais clássicas, de nível ideológico, para o entendimento do racismo: a Teoria do Conflito Realístico, formulada por Muzafer Sherif (1966), a Teoria da Privação Relativa (Stouffer et al., 1949; Runciman, 1966) e, como análise específica, a Teoria de Justificação do Sistema (Jost & Banaji, 1994). Ainda que esta última teoria esteja voltada para a análise dos estereótipos, pela proximidade entre os dois fenômenos, racismo e estereótipos, decidimos considerá-la como específica.

As explicações de nível ideológico

As teorias da psicologia social que se situam a um nível ideológico são aquelas que invocam fatores como valores, normas sociais, crenças compartilhadas e ideologias como centrais nas suas análises (Doise, 1980). Tais fatores, frequentemente, são mais acionados como variáveis independentes (VI) ou explicações do que como variáveis dependentes (VD) ou como fatores a serem explicados. Na pesquisa de Doise, dos 142 artigos analisados nos sete primeiros volumes do *European Journal of Social Psychology*, 14 adotaram o nível ideológico como "VI" e apenas um como "VD". Entretanto, praticamente todos os estudos que adotam esse nível de explicação, invocam também em suas análises os outros níveis já referidos neste livro (intrapsíquico, interpessoal e posicional), promovendo uma articulação psicossocial (Doise, 1980). São trabalhos que integram hipóteses sobre os modos de funcionamento da sociedade com a forma de funcionamento dos indivíduos (Doise, 2002). O autor constata que, na década de 1980, esse nível de análise era minoritário na psicologia social, predominando explicações intrapsíquicas e interpessoais. Mais recentemente, o autor assim definiu o quarto nível:

> *As produções culturais e ideológicas, características de uma sociedade ou de certos grupos, não somente dão significado aos comportamentos dos indivíduos, como também criam ou dão suporte às diferenciações sociais em nome de princípios gerais. Por exemplo, em nome de uma ideia ingênua de justiça, consideramos que as pessoas têm o destino que merecem. (Doise, 2002, p. 28)*

As Teorias do Conflito Realístico e da Privação Relativa são inseridas no nível ideológico, como explicações mais generalistas do racismo, porque adotam postulados das relações e comparações sociais entre grupos como força motriz do conflito social. Da mesma forma, a Teoria da Justificação do Sistema afirma que os estereótipos atuam para justificar ou legitimar a posição do "eu", do grupo e do sistema. Ou seja, integra níveis de análise mais individuais aos posicionais e ideológicos, enfatizando esses últimos como variáveis explicativas. Em seguida, são descritas e analisadas essas três teorias, considerando sua importância para o entendimento do racismo.

Teoria do Conflito Realístico

Em 1954, o escritor britânico William Golding publicou o livro *Lord of the flies*, que conta a história de meninos que, graças a um desastre aéreo, vão parar em uma ilha deserta, onde iniciam uma série dramática de processos grupais, que vão desde a cooperação inicial para sair da ilha, passam pela formação de dois grupos rivais mediante fortes processos identificatórios, para descambar em hostilidades intergrupais, em uma escalada que culmina no assassinato de um dos meninos por membros do grupo rival. No mesmo ano, Muzafer Sherif, um psicólogo social nascido na Turquia e emigrado para os Estados Unidos, publicou o famoso estudo de campo *The robbers cave experiment*. Antes, porém, ainda em 1949, Sherif e colaboradores já haviam realizado duas das fases do experimento.

Tanto o livro de Golding quanto o experimento clássico de Sherif emergem no contexto pós-Segunda Guerra Mundial, sendo tributários de visões opostas da natureza humana. Golding propunha uma visão hobbesiana, do "homem lobo do homem"; ao passo que, para Sherif, a competição social era a responsável pelo conflito, sendo a "natureza" humana inocente e boa.

Sherif, Harvey, White, Hood e Sherif (1954/1961) iniciam sua proposta de análise do conflito social alertando que a tarefa de definir grupos e relações intergrupais só pode ser realizada por meio de uma abordagem interdisciplinar. Um grupo é, nessa perspectiva, uma unidade social que consiste em um número de indivíduos que, em um determinado momento, estão em relações interdependentes, mais ou menos definidas, de status e papéis sociais uns com os outros, e que, explícita ou implicitamente, possuem um conjunto de normas que regulam os comportamentos dos seus membros. Esses dois elementos da definição dos grupos, interdependência e normas, serão centrais na teoria do conflito intergrupal formulada por Sherif.

Para estudar atitudes e comportamentos intergrupais, ou seja, fenômenos que estão relacionados à pertença do indivíduo a um determinado grupo, Sherif e colaboradores (1961) realizaram um estudo, em um acampamento de verão chamado The Robbers Cave State Park localizado em Oklahoma nos Estados Unidos. Participaram, inicialmente, 24 meninos de 12 anos,[1] todos de famílias protestantes de classe média. Os meninos tinham também condições de desempenho escolar similares, eram da mesma série. Eles foram levados para um acampamento de verão que duraria três semanas, onde participaram de um experimento de campo de três fases. O estágio inicial consistia em uma variedade de atividades que permitiram o contato entre todos os meninos e a observação de grupos de amizade em desenvolvimento. Em seguida, na fase um, eles foram divididos em dois grupos de doze meninos cada que brincavam e conviviam separadamente. Depois da formação dos grupos e dos processos de criação de normas e valores grupais, teve início a fase dos conflitos intergrupos.

Na segunda fase do estudo, os dois grupos entraram em contato em condições competitivas, de modo que a vitória de um grupo significava derrota para o outro, tais como "cabos de guerra" e jogos de futebol. Nessa fase, intensificam-se as agressões verbais e físicas entre os meninos, e surgem imagens extremamente negativas sobre cada grupo. Na etapa inicial da fase 3, fase de redução do conflito, Sherif e colaboradores testaram os efeitos do contato intergrupal na redução dos atritos e das hostilidades. Foram promovidas atividades prazerosas conjuntas, como refeições ou ver filmes. No entanto, as hostilidades, ao invés de diminuir, aumentam com o contato. Então, os pesquisadores decidem introduzir um conjunto de "metas superordenadas", ou seja, atividades de muito valor e apelo para ambos os grupos, que só poderiam ser realizadas com a colaboração de todos: interdependência positiva. Os autores concluíram que a introdução de metas superordenadas reduzia, de forma gradativa e cumulativa, os antagonismos intergrupais:

> *Esses resultados harmoniosos são produtos da interação em direção a objetivos superordenados a todos os grupos – objetivos que agradam genuinamente a todos e que, para serem alcançados,*

---

1 Mais tarde, dois garotos abandonaram o experimento.

> *requerem participação e contribuições equitativas de todos os grupos em atividades interdependentes. (Sherif et al., 1961, p. 214)*

No prefácio ao livro de 1961, Donald Campbell (1988) refere que o *The robbers cave experiment* vai além da formação isolada de normas individuais e grupais, do efeito autocinético de 1936, pois trata da formação de normas sociais sob condições de competição intergrupal, normas que incluem solidariedade intragrupo e hostilidade intergrupos. Outro aspecto relevante destacado por Campbell é de que o conflito intergrupal não deriva apenas de frustrações, patologias individuais ou personalidades autoritárias; o conflito e a hostilidade intergrupal são, sobretudo, produtos de estruturas sociais, incluindo a própria organização das pessoas em grupos sociais e a competição que se estabelece de modo funcional entre grupos; sendo, por isso, definida como Teoria do Conflito Realístico.

Como referem Deschamps e Moliner (2009), na Teoria do Conflito Realístico as atitudes e imagens dos exogrupos são produtos ou consequências das relações intergrupais, e não a sua causa. Essa teoria permite entender processos grupais que podem desencadear hostilidades ou relações mais harmônicas. O estudo de Sherif e colaboradores permitiu analisar a formação do grupo, o surgimento e desenvolvimento das identidades e normas sociais; em seguida, o papel das relações competitivas por recursos (materiais[2] e simbólicos), a emergência das hostilidades, a criação de estereótipos negativos que corroboram as agressões e o menosprezo, a ineficácia do contato intergrupal sozinho para reduzir o conflito e, finalmente, o efeito positivo da criação de objetivos superordenados na redução do conflito (ver Brewer & Miller, 1996). Além disso, a teoria integrou técnicas de pesquisa mais quantitativas com outras mais qualitativas e articulou níveis de análise intra e intergrupais com os intraindividuais e interpessoais. As principais conclusões do programa de pesquisa de Sherif e colaboradores podem ser assim sumarizadas:

> *Concluindo, várias medidas sugerem que para a redução do conflito intergrupal – disseminar informações, aumentar o contato social, reunir líderes – adquirem novo significado e efetividade*

---

2 Havia prêmios em dinheiro para os vencedores dos jogos.

> *quando se tornam parte de um processo de interação entre os grupos que é orientado pela existência de objetivos superordenados, com significado e valorização real para todos os membros dos grupos envolvidos. (Sherif, 1958, p. 401)*

Não obstante sua importância como estudo clássico na psicologia social, comprometimentos éticos do estudo permanecem alvo de críticas, a ponto de o experimento ser chamado de "The real-life lord of the flies" (Perry, 2018). Uma crítica no nível metodológico refere que os "estudos no acampamento dos meninos" estavam mais focados em confirmar do que em testar hipóteses. Outra crítica comum cita os problemas de implementação dos estudos. Em 1953, um estudo terminou bruscamente quando os meninos descobriram que eles estavam sendo manipulados pelos pesquisadores. Em 1954, dois meninos do grupo das Águias sentiram saudade de casa e saíram da pesquisa. Há críticos, como Michael Billig (1976), que afirmam que cada um dos experimentos de campo contém três grupos: dois grupos de meninos e um de experimentadores; de tal forma que o dado importante não era como a competição e a cooperação afetavam atitudes e comportamentos intergrupais, mas como um grupo poderoso pode manipular dois grupos menos poderosos (ver Platow & Hunter, 2017). Finalmente, o paradigma de Sherif e colaboradores não distinguiu os efeitos da competição por recursos materiais dos da competição simbólica, por prestígio e reconhecimento social. Tal aspecto, que é central na análise dos efeitos da competição no conflito, como vimos no capítulo que tratou da Teoria Integrada da Ameaça, será mais bem enfocado por outra teoria psicossocial de nível ideológico, a Teoria da Privação Relativa.

Teoria da Privação Relativa

A noção de privação relativa (PR) foi referida, pela primeira vez, em 1949, pelo sociólogo estadunidense Samuel Stouffer, para explicar vários achados surpreendentes publicados no livro *The american soldier*, que trazia relatos de militares sobre a vida durante a Segunda Guerra Mundial. Um desses achados analisados por Stouffer e colaboradores referia-se ao fato de os soldados americanos negros do Sul estarem mais satisfeitos com a vida do que os soldados negros do Norte, mesmo sendo as condições de trabalho análogas. Outro achado referia-se aos policiais militares que ficavam mais satisfeitos com suas promoções (menores e mais lentas) do que os paramédicos da força aérea com as suas promoções (maiores e mais rápidas). A interpretação dos pesquisadores propunha que as reações das pessoas às circunstâncias objetivas dependem de suas comparações e expectativas subjetivas. Os soldados negros comparavam sua situação com a situação de outros negros não soldados da sua região (a situação de racismo e exclusão no Sul era muito pior do que no Norte), por isso, os do Sul se sentiam mais satisfeitos; enquanto os policiais tinham expectativas de ascensão profissional mais baixas que os paramédicos (Stouffer, Suchman, DeVinney, Star, & Williams, 1949).

A simples noção de privação relativa, que começou como uma explicação intuitiva para dados inesperados, evoluiu para se tornar uma das mais importantes teorias das ciências sociais no entendimento dos conflitos entre grupos e da justiça social (Smith & Pettigrew, 2015). O sentimento de privação relativa pode ser definido como o resultado de um julgamento no qual o indivíduo ou o seu próprio grupo está em desvantagem (material e/ou simbólica) quando comparados com um referente relevante (outros indivíduos ou grupos). Tal avaliação, geralmente, produz sentimentos de raiva, ressentimento e busca por direitos, conforme postula Smith e Pettigrew (2015). Para esses autores, quatro componentes básicos podem ser destacados nessa definição: 1) os indivíduos fazem comparações sociais com outros (indivíduos ou grupos), 2) como resultado dessas comparações, podem chegar à conclusão de que eles ou seu grupo está(ão) em desvantagem, 3) avaliam que essa desvantagem é injusta ou não merecida e 4) ressentem-se das desvantagens e injustiças subjetivamente percebidas.

Desde seu surgimento, a Teoria da Privação Relativa (TPR) passou por uma série de desenvolvimentos. Na década de 1960, Runciman (1966) ampliou o construto distinguindo *privação relativa egoísta* – fruto de comparações interindividuais, ou seja, de um membro com os outros membros do seu próprio grupo, como as que envolveram os soldados negros do Sul – da *privação relativa fraterna*, decorrente de comparações entre membros de grupos diferentes, como no caso dos policiais militares com os paramédicos. Esse avanço conceitual permitiu a integração da TPR com outras teorias relacionadas, como a Teoria da Identidade Social, a Teoria da Comparação Social e a Teoria da Justiça Distributiva (Walker & Smith, 2011).

Como vimos, a PR deriva mais de fatores cognitivo-emocionais do que de fatores objetivos. A ênfase diferenciada dada a esse postulado pode estruturar, pelo menos, quatro condições de emergência da privação relativa. A primeira delas, proposta por Davis (1959), afirma que qualquer grupo social se divide entre os que possuem um bem desejado (não privados) e os que não o possuem (privados); quando os últimos se comparam aos primeiros, a resultante será chamada de "privação relativa". Nesse caso, as pré-condições da privação são: (i) alguém quer algo, (ii) ele/ela se compara a alguém semelhante que tem esse algo e (iii) então, sente-se também no direito de ter. Runciman, na década de 1960, formula uma segunda versão da TPR, acrescentando uma quarta pré-condição: para se sentir relativamente privado de algo, deve-se também avaliar que é viável ou possível possuir esse "algo". Na década de 1970, Ted Gurr propõe que a privação relativa é uma tensão entre "o que deve ser" e "o que é", uma discrepância entre os bens que se tem e os que se deseja e se sente no direito de ter. A PR ocorre quando: a) um indivíduo que não possui "X", b) deseja possuir, c) sente-se com direito a "X" e d) não consegue obter "X". A última pré-condição de privação foi proposta por Faye Crosby, também na década de 1970, quando referiu a PR como um sentimento de ressentimento ou de mágoa que integra, além do querer algo, do perceber que o outro o possui, do se sentir no direito de ter e do achar ser possível (viável) conseguir esse algo, também a noção de que é preciso não se perceber culpado ou responsável pela falta atual desse "algo".

Smith e Pettigrew (2015) procedem a uma meta-análise dos estudos sobre privação relativa em vários contextos, na qual destacam que: 1) uma reação afetiva a uma privação (individual ou grupal) é fundamental para a mobilização, tal reação se baseia em um senso de merecimento e direito; 2) a privação relativa fraterna ou grupal é a que se associa à valorização do endogrupo e desvalorização e conflito com o exogrupo; 3) em minorias sociais estigmatizadas (imigrantes), as emoções de raiva e frustração em relação à discriminação percebida associam-se com a participação em ações coletivas de protesto, ao passo que a simples percepção de discriminação, por si só, não se vincula a protestos; 4) membros de grupos desfavorecidos, muitas vezes, apoiam ideologias que minam o interesse coletivo do próprio grupo; 5) estudos mais recentes destacam que a noção de gratificação relativa, que ocorre quando o indivíduo ou grupo se sentem favorecidos nas comparações sociais, ao ser associada à percepção de ameaça de perda de privilégios, vincula-se ao aumento do preconceito generalizado, aquele que se refere a várias minorias ao mesmo tempo.

A Teoria da Privação Relativa recebe importantes críticas. Bernstein e Crosby (1980) referem que, graças à sua enorme influência, a TPR está imersa em alguma controvérsia. Se, por um lado, há muita evidência de dados em favor dos seus pressupostos; por outro, há quem questione a utilidade e viabilidade da teoria, dada a sua relativa falta de precisão conceitual. Outras críticas focam a excessiva abrangência, ou pluralidade conceitual da TPR, bem como o número potencialmente caótico de grupos de comparação e o seu poder explicativo dos fenômenos.

Entretanto, como destaca Webber (2007), trata-se de uma abordagem que, simultaneamente, considera níveis objetivos e subjetivos de análise, interconectando a estrutura e a agência, o indivíduo (intraindividual e interpessoal) e a sociedade (posicional e ideológico). Ou ainda um "conceito-psicológico-social" modelo, pois postula um estado subjetivo que molda emoções e cognições e influencia os comportamentos" (Pettigrew, 2011, p. 353). Além disso, a TPR valoriza o papel das emoções e dos processos de construção social da realidade nos comportamentos intergrupais.

No tópico seguinte, será abordada outra teoria, que enfatiza o papel das ideologias como forma de justificação das realidades de opressão social, a Teoria da Justificação do Sistema.

Teoria de Justificação do Sistema

O texto clássico sobre a Teoria da Justificação do Sistema (TJS), proposta por John Jost e Mahzarin Banaji, em 1994, inicia-se com a seguinte epígrafe de Gordon Allport: "A função racionalizadora e justificadora de um estereótipo ultrapassa sua função de refletor de atributos grupais". A noção de justificação, entendida como uma ideia usada para fornecer legitimidade ou suporte para outra ideia ou para algum comportamento, não foi, portanto, inventada pela TJS. Os autores afirmam que a justificação desempenha um papel importante em várias teorias clássicas da psicologia social, a exemplo das teorias da comparação social, da dissonância cognitiva, da autopercepção, da atribuição, da crença no mundo justo e da identidade social. Tendemos a justificar os acontecimentos sociais; nossos pensamentos, sentimentos e comportamentos; os comportamentos dos outros; o status dos indivíduos e dos grupos e as condições sociais (Jost & Banaji, 1994). Enfim, pode-se afirmar que atuamos em todos os contextos como seres racionalizadores, ainda que nem sempre de forma racional. De tal maneira que, para os autores, a produção científica em psicologia social na segunda metade do século XX, "pode muito bem ser lembrada como uma era de pesquisa sobre justificação" (p. 2).

Entretanto, nenhuma teoria específica havia ainda focado o papel da justificação nas pesquisas sobre os estereótipos. Essa é a proposta da TJS. Partindo da análise dos trabalhos sobre justificação egoica (*ego-justification*) e justificação grupal *(group-justification)*, Jost e Banaji (1994) introduzem a ideia de justificação do sistema (*system-justification)*. As análises em termos de justificação egoica propõem que os estereótipos atuam para defender as atitudes e os comportamentos individuais, a exemplo das explicações encontradas na Teoria da Personalidade Autoritária e na noção de estereótipos de Lippmann (1922), que afirmava que os estereótipos são mecanismos de defesa do eu que atuam para a simplificação da realidade. Já as abordagens baseadas na justificação grupal afirmam que os estereótipos estão a serviço da manutenção da posição do grupo e dos seus comportamentos, como proposto pela Teoria da Identidade Social de Tajfel (1982) e pela Teoria Integrada da Ameaça (Stephan & Stephan, 2005). Por sua vez, as explicações com base na noção de justificação do sistema, ainda que reconhecendo as contribuições dos outros dois modelos, afirmam que os estereótipos atuam, muitas vezes, para produzir uma "falsa consciência", legitimando certos arranjos e hierarquias sociais, mesmo à custa do interesse pessoal e do grupo. A TJS parte da crítica aos dois modelos prevalentes na literatura psicossocial para a análise dos estereótipos.

Sobre o modelo da justificação egoica, são apresentadas três limitações: 1) existem muitas situações nas quais as pessoas, sobretudo membros de minorias sociais, atribuem ou aceitam estereótipos negativos contra si e seu próprio grupo, fenômeno definido como "auto-ódio"; 2) pode haver estereotipia mesmo contra pessoas e grupos com os quais o indivíduo nunca interagiu e nunca irá interagir, não havendo qualquer interesse pessoal envolvido; e 3) os estereótipos se definem pela sua consensualidade, ou seja, seu compartilhamento, o que torna pouco provável que sua principal função seja individual.

Em relação ao modelo dos estereótipos como justificação grupal, proposto na Teoria da Identidade Social de Tajfel (1982), que situa o fenômeno no âmbito dos processos de diferenciação social positiva dos grupos de pertencimento em relação aos grupos externos (dos outros), a TJS afirma que ele é limitado, uma vez que não consegue explicar, satisfatoriamente, por que membros de diferentes grupos sociais, muitas vezes, possuem os mesmos estereótipos de um determinado grupo. Além disso, esse modelo não leva em conta o fenômeno da autoestereotipia negativa. Nas relações intergrupais, amiúde, membros de um grupo aceitam os estereótipos negativos sobre si mesmos e os positivos sobre o exogrupo. Em sociedades sexistas e racistas, mulheres e negros não raramente sancionam as visões negativas sobre os seus grupos. Tal fenômeno está em desacordo com os pressupostos do modelo de justificação grupal (ver Jost & Banaji, 1994).

A noção de falsa consciência, definida como "a defesa de crenças que são contrárias ao interesse pessoal ou do grupo e que, assim, contribuem para a manutenção da posição desfavorecida do eu e do grupo" (Jost & Banaji, 1994, p. 3), é central no modelo de análise dos estereótipos como justificação do sistema. Os autores destacam que se trata de uma explicação complementar às outras duas, do ego e do grupo. Nesse sentido, nem todos os estereótipos seriam mantidos pela justificação do sistema, mas apenas aqueles voltados para a preservação do *status quo*. De acordo com a TJS, os estereótipos desempenham funções ideológicas, que justificam a exploração e opressão social, que legitimam a impotência de alguns grupos e o sucesso de outros, de forma a fazer as diferenças intergrupais parecerem naturais e inquestionáveis em um dado sistema de opressão.

De acordo com a TJS, os estereótipos "surgem e são usados para justificar um estado de coisas existente, a exemplo de sistemas sociais ou econômicos, hierarquias de status ou poder, distribuições de recursos, divisões de papéis sociais" (Jost & Banaji, 1994, p. 3). Muitas vezes, tais justificativas operam no nível automático, de forma implícita, sem a consciência dos diretamente envolvidos. O termo "justificação do sistema" faz referência a "certas teorias marxistas que assumem que as pessoas da classe trabalhadora reconhecem as contradições entre seus interesses próprios e suas crenças justificadoras do sistema" (Jost, 2018, p. 2).

Os autores destacam que o termo "sistema" é tomado propositadamente de forma vaga, a fim de cobrir uma ampla variedade de casos; desde os arranjos sociais encontrados em famílias, grupos sociais e organizações; até os presentes em instituições e governos. Várias evidências empíricas são apresentadas para sustentar a tese dos estereótipos como justificação do sistema. A maior parte delas destacam que tendemos a inferir atributos estereotípicos das informações sobre status, papel social e poder dos grupos, para justificar as diferenças. Os estereótipos dos pobres como menos inteligentes, pouco competentes, não confiáveis, desorganizados, dentre outros, são, por exemplo, semelhantes aos dos negros e aos dos nordestinos no Brasil, servindo para legitimar a desvantagem econômica desses grupos.

Jost e Banaji (1994) destacam que um dos mais importantes modelos de pesquisa sobre estereótipos, desenvolvido por Alice Eagly e colegas, demonstra que esses esquemas perceptivos surgem para explicar ou justificar as divisões sociais do trabalho. As mulheres são percebidas como "comunitárias" porque essa representação é consistente com o papel de dona de casa, os homens, como "agênticos" porque corrobora o papel social de provedores. Outros estudos demonstram que estereótipos de mulheres e de negros são semelhantes em termos de conteúdo; da mesma forma que os de várias outras minorias sociais, a exemplo de pessoas com deficiência e idosos. Isso evidencia, como propõe a TJS, que o conteúdo dos estereótipos depende da função e do status do grupo no sistema social.

Outrossim, de acordo com o modelo de justificação, os estereótipos das minorias podem, muitas vezes, ter um aparente conteúdo positivo, mas ainda assim cumprir sua função de legitimação da opressão. Um caso emblemático dessa situação é o que ocorre em relação aos negros no Brasil, estereotipados como "fiéis" e "humildes", traços que legitimam sua exploração pelos brancos. De acordo com a TJS, muitas vezes, a legitimação ideológica da opressão ocorre fora da consciência dos envolvidos, dominantes e dominados (Jost & Banaji, 1994).

Jost, Pelham e Carvallo (2002) demonstram que: 1) o favorecimento do endogrupo, medido pelo Teste de Associações Implícitas (TAI) – uma medida não consciente –, correlaciona-se positivamente com a autoestima em grupos de alto *status*; já nos grupos de baixo *status*, a aceitação dos estereótipos se associou ao favorecimento implícito do exogrupo dominante; 2) estudantes latinos e asiáticos, nos Estados Unidos, escolheram mais parceiros brancos do que membros de seus próprios grupos para interações comportamentais, e 3) pais nomeiam mais aos filhos de sexo masculino com seus nomes (em comparação com as mães) e publicam mais anúncios de nascimento para meninos do que para meninas. Noutro estudo, os autores demonstram que a posição política atua como variável moderadora do uso dos estereótipos como mecanismo de justificação do *status quo*. Utilizando dados de uma ampla amostra envolvendo estadunidenses brancos e negros, colhidos na página de internet do TAI, os autores verificam que, para os brancos, o conservadorismo político se associou positivamente ao favorecimento do seu grupo, em medidas implícitas e explícitas. Para os negros, o aumento do conservadorismo foi associado ao aumento do favorecimento do exogrupo (i.e., brancos) em medidas de atitudes explícitas (Jost, Banaji & Nosek, 2004).

A Teoria da Justificação do Sistema é alvo de duas críticas principais: 1) embora as pessoas possam adotar crenças justificadoras do sistema, não há evidência de que elas sejam motivadas a se engajar na sua justificação e 2) a TJS falha em especificar os moderadores disposicionais da justificação do sistema. O próprio Jost (2018) tenta responder a essas objeções afirmando que, no primeiro caso, a justificação do sistema liga-se a motivações de autoengano, defesa do eu, distorções no processamento de informações, esforço comportamental e outras propriedades da busca de objetivos. Em resposta à segunda crítica, o autor propõe a existência de moderadores contextuais, tais como a exposição a ameaças ao sistema, percepções de inevitabilidade ou de não controlabilidade do sistema, percepções de cronicidade histórica da opressão e sentimento de impotência ou dependência.

É importante ainda destacar que, de acordo com a TJS, nem todos são justificadores do sistema. Há os que endossam entusiasticamente o *status quo*, mas há os que apenas aquiescem passivamente, há os indiferentes e há os que se opõem fortemente (Hochschild, 1981; Jost, 2018). Em seguida, procuramos analisar em que medida as teorias referidas foram utilizadas para o entendimento do racismo no Brasil e qual seu potencial de leitura desse fenômeno.

Racismo no Brasil e as explicações de nível ideológico da psicologia social

As três teorias analisadas neste capítulo são importantes para o entendimento do fenômeno dos conflitos, de forma geral, e do racismo de modo particular. A Teoria do Conflito Realístico, de Muzafer Sherif e colaboradores, é a base fundamental das principais análises sobre os estereótipos e preconceitos na psicologia social e inspirou os principais pressupostos da Teoria da Identidade Social de Henri Tajfel; sendo referida como o mais influente programa psicossocial de pesquisa sobre grupos e relações entre grupos já conduzido (Platow & Hunter, 2017). A Teoria da Privação Relativa é reputada como uma das mais importantes para a explicação dos preconceitos (Pettigrew, 2016). A Teoria da Justificação do Sistema, desde sua proposição inicial em 1994, teve seu escopo ampliado para uma gama muito ampla de análises de fenômenos, tais como percepções de justiça social, merecimento e direito, legitimidade do sistema, voto em políticos conservadores e vários tipos de preconceitos (Jost, 2018).

Entretanto, cabe indagar como e em que medida essas teorias foram ou podem ser usadas para a análise do racismo no Brasil. Para responder a essa pergunta, procedemos a uma série de pesquisas nos periódicos Capes, no dia 16 de março de 2022, introduzindo na linha de busca os termos-chave das três teorias, predefinindo a referência a qualquer dos termos no assunto ou título da publicação e adotando como critério de inclusão que fossem publicações em português e artigos revisados por pares; além disso, como critérios de exclusão, definimos os itens repetidos.

Na primeira busca, foi introduzido o termo "Teoria do Conflito Realístico", para o qual não foram recuperados registros. Então, inserimos "teoria do conflito", tendo sido encontrados 71 documentos, 38 publicados em periódicos revisados por pares e 26 em língua portuguesa. Dos 26 artigos, nenhum era sobre a relação entre conflito e preconceito ou racismo, também não foi resgatado texto que tratasse dos postulados de Sherif e colaboradores. A maioria abordava o conflito no mundo do trabalho, nas escolas e na política. Introduzindo, então, o nome "Muzafer Sherif" na linha de busca para qualquer campo, foram encontrados seis artigos com resumos em língua portuguesa, mas apenas um deles feito no Brasil (Lima, Machado, Ávila, Lima, & Vala, 2006), que citava o autor, mas adotava outros modelos teóricos, de atitudes implícitas, para estudo do racismo.

Repetindo a busca, para "Teoria da Privação Relativa" foram recuperados 967 registros; sendo 535 de periódicos revisados por pares e 361 em português, 20 deles em revistas da psicologia ou multidisciplinares. Dentre os 361, apenas um artigo traz no assunto o tópico "preconceito", para analisar as interpretações de Talcott Parsons e de Herbert Blumer sobre as relações raciais dos Estados Unidos (Freitas, 2018). Quando se buscou na aba "assunto" o tema "racismo", no âmbito da "Teoria da Privação Relativa", não foram encontradas publicações. Considerando a baixa quantidade de documentos, decidiu-se por uma nova busca, na qual o nome da teoria não foi posto entre aspas, a fim de verificarmos se havia alguma publicação relacionada, mesmo que de forma mais genérica. Cinco artigos foram recuperados.

Rodrigues (2012) faz uma análise teórica, à luz do Direito, sobre a ineficiência da legislação para o combate ao racismo no Brasil. O termo "privação" aparece uma vez no artigo, para referir a privação de liberdade e o termo "relativa" não aparece. Cardoso e Guimarães (2019) analisam representações e percepções sobre a informalidade no trabalho e a saúde de trabalhadoras domésticas diaristas. O racismo é citado como uma das formas de violência sofridas pelas trabalhadoras. O termo "privações" aparece uma única vez: "as desilusões, as privações, a violência, as angústias, os medos não estão apenas contidos como alegorias em uma narrativa, mas são instrumentos de transformações pessoais e sociais para cada uma dessas mulheres" (p. 220), sem adoção da TPR. O terceiro artigo foi o de Freitas (2018), já citado na análise teórica do preconceito. No quarto registro, Schucman (2015) sumariza a produção acadêmica de teses e dissertações sobre os temas da raça e do racismo elaboradas no Instituto de Psicologia da USP, concluindo que poucos trabalhos abordaram de forma sistemática os temas. Uma única vez aparece no texto o termo "privação", para referir a situação vivenciada pelos negros. Finalmente, no último registro, Oliveira (2002) analisa os elementos que constituem o racismo e a discriminação, associados com as ideologias dominantes. Novamente, o termo "privação" aparece uma vez no artigo associado às "experiências de privação" (p. 42), sem referência à TPR.

Também no dia 16 de março, introduzimos, na linha de busca dos Periódicos Capes, a expressão "Teoria da Justificação do Sistema"; 1849 registros foram recuperados, sendo 1038 artigos revisados por pares e 562 em língua portuguesa. A maioria desses 562 foi publicada em revistas de ciências sociais (27%) ou de direito (18%). Filtrando os artigos que usaram a TJS e tiveram como assunto o preconceito, encontramos três trabalhos. Buendgens e De Carvalho (2016) analisam como o preconceito é abordado na literatura infantil voltada ao ensino básico pelo Programa Nacional do Livro Didático (PNLD). Os autores usam o termo "justificação ideológica" a partir da teoria sócio-histórica, mas não referem a TJS. Um outro registro foi o artigo de Freitas (2018), que utiliza o termo "justificação" uma vez, quando discorre sobre a teoria do senso de posição grupal de Herbert Blumer, para referir que discursos como "eles são diferentes de nós" justificam a exclusão racial. No terceiro artigo, Nota (2013) analisa o preconceito contra homossexuais usando a TJS, mas em amostras de estudantes moçambicanos. Introduzindo o termo "racismo" como assunto abordado na "Teoria da Justificação do Sistema" ou, em uma segunda busca, "justificação do sistema", não foram encontradas publicações em português.

Em uma busca mais livre, apenas com o termo "justificação" na linha de busca e "racismo" como assunto, foram encontradas duas publicações. Pereira e Souza (2016), em artigo já citado, procedem a uma revisão teórica sobre os fatores legitimadores da discriminação, destacando o efeito da percepção de ameaças, mas sem adotar o modelo TJS. Pereira, Torres, Falcão e Pereira (2013) discorrem sobre a relação entre preconceito, apoio a políticas discriminatórias contra homossexuais e representações sociais sobre a natureza da homossexualidade. Os autores usam o termo "justificação" para se referirem ao papel das representações sociais na legitimação da homofobia. A TJS não é utilizada na abordagem empreendida.

Encaixes e desencaixes das explicações de nível ideológico da psicologia social para o racismo no Brasil

Ao longo deste livro, tem sido constatada uma baixa utilização por parte dos pesquisadores brasileiros das teorias psicossociais de nível intraindividual, interpessoal e posicional para explicação do preconceito racial e do racismo. Sabe-se que a psicologia social brasileira se institucionalizou e desenvolveu a partir da crítica aos modelos positivistas e individualistas predominantes na psicologia social norte-americana. Como refere Sílvia Lane, no livro *Psicologia social: o homem em movimento* –, emblemático da emergência de uma psicologia social mais societal no Brasil –, o sujeito da ação é sempre um grupo: "Portanto, caberia à psicologia social recuperar o indivíduo na intersecção de sua história com a história de sua sociedade – apenas este conhecimento nos permitiria compreender o homem enquanto produtor da história" (Lane, 1984, p. 13). Portanto, seria de se esperar uma maior utilização de teorias cujo nível de explicação é ideológico para o entendimento do racismo no Brasil, a exemplo das três destacadas neste capítulo. Entretanto, não foi o que se constatou.

Na busca empreendida sobre a utilização da teoria do conflito, proposta por Muzafer Sherif, não foram encontradas análises específicas. Da mesma forma, não surgiram registros relacionando privação relativa e racismo ou preconceito no Brasil. Outrossim, a Teoria da Justificação do Sistema, teoria de inspiração marxista, não foi usada para análises do racismo ou do preconceito no Brasil, pelo menos que as nossas análises fossem capazes de detectar.

A Teoria do Conflito Intergrupal (TCI) proposta por Muzafer Sherif e colaboradores na década de 1950, a partir dos achados dos experimentos nos acampamentos dos meninos, afirma que o preconceito surge das relações de conflito e interdependência negativa entre os grupos. Os estereótipos ou a construção social de imagens sobre os outros acompanham a dinâmica das relações intergrupais, atuando como elementos justificadores das hostilidades entre os grupos; de tal forma que, quanto mais se intensifica o conflito mais negativa se torna a estereotipia dos exogrupos (Sherif, Harvey, White, Hood, & Sherif, 1961/1988). A TCI propõe, de forma inovadora para a época, que as variáveis de personalidade, os níveis de frustração e mesmo o simples contato intergrupal não são suficientes para explicar, seja o conflito, seja a sua superação. Pensamos que tais postulados são centrais para o entendimento do racismo no Brasil.

Como referido, na nossa sociedade, mais do que em qualquer outra, brancos e negros estão em contato há muito tempo, muitas vezes em situações agradáveis, como amigos e mesmo parentes. Situações de contato semelhantes ao banquete intergrupal, promovido no experimento de 1954, acontecem no Brasil o tempo todo sem que se possa afirmar que o contato, as amizades intergrupais e mesmo as relações amorosas íntimas entre negros e brancos tenham tornado a nossa sociedade menos racista que outras do mundo. Não obstante os casamentos interraciais responderem por 20% do total de casamentos no Brasil, a "escolha" do parceiro não é livre dos condicionantes de poder inscritos no racismo. Até o final do século XX, o relacionamento do homem branco com a mulher negra ou mestiça era percebido como uma relação não formal (concubinato, amasiamento etc.); enquanto a relação amorosa entre o homem negro e a mulher branca, geralmente mais formalizada, era percebida como "uma troca de compensações de atributos desprestigiantes visando a ascensão (ou mobilidade social)" dos envolvidos (Moutinho, 2001, p. 224).

Não obstante existirem casamentos entre brancos e pretos, os relacionamentos amorosos mais aprovados no Brasil eram os que envolviam brancos e pardos (Barros, 2003). Ou seja, mesmo na situação mais emblemática e poderosa de contato intergrupal, o casamento, a busca de objetivos superordenados, aqueles igualmente urgentes e que necessitam da colaboração sincrônica dos dois grupos envolvidos, proposta por Sherif para reduzir o conflito, não se concretiza, pois permanece o status diferenciado e a hierarquia de poder interseccionada na relação:

> *No entanto, o casamento inter-racial pode também significar o esforço por romper barreiras socialmente criadas [...] e pode ser que o "negro" e o "branco" envolvidos neste tipo de relação, em vez de negarem suas diferenças, tenham nele um reforço das diferenças criadas, visto que o contato com o outro não resulta necessariamente em dissolução das diferenças. Ademais, como diz Todorov*

(1993, p. 88): As diferenças se deslocam e se transformam; elas não desaparecem. (Barros, 2003, p. 186)

A construção do mito da democracia racial por Gilberto Freyre (1933/1983) se baseia na ideia de que os portugueses possuíam, se comparados aos colonizadores espanhóis e britânicos, um estilo próprio de relação com os colonizados nos trópicos, estilo chamado de "luso-tropicalismo": "Não se trata de nenhuma virtude descida do céu sobre os portugueses, mas do resultado quase químico da formação cosmopolita e heterogênea desse povo marítimo" (Freyre, 1983, p. 202). O Estado português adotou na íntegra as teses de Gilberto Freyre a fim de legitimar as ações violentas nas colônias, sem ferir as consciências católicas dos senhores de engenho. Mais do que isso, depois da Segunda Guerra Mundial, quando as teorias racialistas entraram em descrédito, Portugal mandou apagar da legislação os indícios de discriminação racial nas suas colônias (Alexandre, 1999).

A tentativa ideológica de apagamento do conflito na colonização tem impactos ainda presentes no modo como se expressa o racismo no Brasil, caracterizado por uma aparente inclusão de todos. Tanto que alguns estudiosos afirmam que o maior enigma das relações raciais no Brasil é de como inclusão e exclusão convivem de forma aparentemente harmônica (Telles, 2004). Trata-se de um racismo que, diferentemente do norte-americano – mais abertamente violento, conflitivo e segregacionista –, apresenta-se como mais sofisticado, fazendo conviver desigualdades agudas de status e oportunidades, com igualdade jurídica e pouca diferenciação formal (Guimarães, 1999). Talvez essa denegação do conflito racial tenha dificultado, por parte da psicologia social nacional, o aproveitamento dos pressupostos da teoria de Muzafer Sherif.

Todavia, o padrão das relações raciais no Brasil é variado. Mesmo na época de maior influência das ideias de Freyre, antes de o país reconhecer oficialmente seu racismo na década de 1990, havia relações racializadas mais verticais, abertamente conflitivas, competitivas e menos paternalistas, sobretudo nas regiões mais industrializadas; enquanto nas regiões mais rurais predominam relações raciais mais horizontalizadas, miscigenadas e paternalistas, que escamoteiam o conflito (Telles, 2004).

Depois da década de 1990, sobretudo com a criação das políticas de ação afirmativa, garantindo vagas aos pretos nas universidades, mesmo em regiões de relações mais "horizontalizadas" como o Nordeste, as formas de expressão do racismo mudaram do paternalismo – típico do "racista cordial" –, para um racismo mais aberto, ressentido pela ameaça de perda de privilégios na competição, que pela primeira vez, ainda timidamente, instaura-se no país. Essa mudança fica evidente no estudo de Lima, Neves e Silva (2014), sobre as justificativas para as atitudes face às cotas raciais, estudo realizado antes e depois da implantação das cotas em uma universidade pública. Antes, as cotas eram rejeitadas pelos estudantes brancos dos cursos mais concorridos porque, nas palavras deles, "discriminavam os negros", ferindo sua competência de entrar sem "auxílio"; depois de implantadas, eles se queixam que "elas são injustas porque discriminam os brancos" que, mesmo com pontuação igual ou maior, ficaram sem "suas vagas".

Lima (2019), analisando as mudanças nas formas de expressão do racismo no Brasil nos últimos anos, sobretudo a partir do crescimento das narrativas mais conservadoras e eleição de líderes autoritários, afirma que o avanço social e econômico da minoria racial no Brasil criou as condições para a emergência de discursos ressentidos por uma suposta perda de domínio por parte de brancos e pardos de classe média. Tais fatores, em conjunção com a crise econômica internacional de 2008 e a crise política e institucional do Brasil, a partir de 2013, criaram o cenário favorável à emergência ou fortalecimento de propostas políticas de extrema-direita, conservadoras e contrárias às minorias sociais. Por tudo isso, é possível afirmar que a Teoria dos Conflitos Realísticos nunca esteve tão atual para entender o racismo nacional quanto agora no contexto pós-políticas de ação afirmativa.

A segunda teoria analisada neste capítulo foi a da privação relativa (TPR). A TPR leva em conta vários aspectos envolvidos no conflito intergrupal, desde elementos mais objetivos, da competição por recursos e do atendimento de necessidades, a elementos mais subjetivos, concernentes às percepções de gratificação e reconhecimento, material e simbólico. A teoria permite, ainda, integrar os níveis mais individuais de privação, como a egoística, aos mais grupais ou coletivos, com a noção de privação fraterna, vinculado, um e outro, ao fenômeno da percepção de justiça e legitimidade do sistema e às motivações para a ação individual ou coletiva (disruptiva ou institucional). Como vimos, a privação fraterna se associa com o protesto político e o conflito intergrupal; enquanto a experiência da privação egoística se vincula ao isolamento e desajuste individual.

Não obstante seu potencial analítico, a TPR não foi ainda muito usada para leitura do racismo nacional. Todavia, vários aspectos podem interferir na relação entre sentimento de privação relativa e racismo na sociedade brasileira. Kawakami e Dion (1995) propõem que o sentimento de privação relativa depende da saliência da identificação social. Indivíduos com identidade pessoal mais saliente experimentam privação egoística; ao passo que a saliência da identidade social, ou seja, da ligação com um grupo de "iguais", conduz a sentimentos de privação fraterna. Ellemers e Bos (1998), pesquisando a relação entre identidade social e privação relativa em holandeses donos de lojas, constatam que o sentimento de privação fraterna, que é maior do que o de privação egoística na amostra pesquisada, relaciona-se a um forte senso de identificação com o grupo "lojistas nativos". Por outro lado, a privação egoística implicou em mais preconceito contra "lojistas imigrantes", mas não se vincula à identidade de "lojistas nativos". Esses estudos abordam, ainda que indiretamente, um fenômeno essencial para entendermos a relação entre sentimento de privação relativa e racismo: a entitatividade ou *groupness*. A entitatividade pode ser entendida como a extensão em que um ente coletivo é percebido como tendo unidade, coesão e organização internas, mais que um mero agregado de indivíduos independente.

As relações racializadas no Brasil são marcadas pelo fenômeno do branqueamento. O branqueamento, entendido como um conjunto de normas, valores e atitudes associados aos "brancos", que as pessoas não brancas são pressionadas a adotar ou incorporar para serem aceitas (Piza, 2000), expressa-se no Brasil em vários níveis intercambiáveis. No nível das políticas públicas, historicamente, ele se vinculou ao projeto de eugenia com tentativas estatais de substituir a mão de obra negra por mão de obra branca, ocorrida entre os anos de 1890 e 1914, para embranquecer a população nacional. Tal ação se ligou ao "branqueamento das estatísticas" populacionais. Uma análise dos vários censos demográficos, realizados desde 1872, indica um declínio acentuado da população preta e crescimento da população "parda". Como visto, a ideologia do branqueamento também opera no nível das autopercepções de cor da pele, como uma espécie de "saída de emergência" para superar a condição de opressão dos pretos pela via da mestiçagem (Degler, 1971).

Uma pesquisa com amostra nacional indicou que 135 cores diferentes eram usadas pelos brasileiros para classificar sua cor de pele, havendo muito mais rótulos associados à cor branca (bem-branca, bem-clara, branca, branca-avermelhada, branca-melada, branca-morena, branca-pálida, branca-queimada, branca-sardenta, branca-suja, branquiça, branquinha, clara, clarinha e puxa-para-branca) do que termos associados à cor negra (quase-negra, escura, escurinha, negra, negrota e pretinha). Finalmente, o branqueamento atua no nível da explicação do status econômico e social dos grupos, fazendo com que pessoas bem-sucedidas social e economicamente sejam percebidas como mais "claras" do que os outros grupos, vistos como malsucedidos (ver Lima & Vala, 2004b).

Pode-se afirmar, a partir da leitura das manifestações do racismo no Brasil, que o branqueamento impede ou dificulta a entitatividade (*groupness*) da categoria social "negros" e, por isso, muitas vezes sabota os processos de identificação dos membros com a sua categoria social. Não havendo a identificação enquanto grupo, os níveis de comparação sobre o acesso a recursos materiais e simbólicos na estrutura social tendem a ser mais individuais, gerando mais privação relativa do tipo egoística, associada às visões negativas ou desidentificatórias do grupo de pertencimento e às ações contra outras minorias sociais (Ellemers & Bos, 1998). Por outro lado, quando se analisa o grupo mais bem instalado na estrutura de poder – dos brancos –, nota-se que, com o advento das políticas de ação afirmativa, eles começaram a produzir mais comparações intergrupais (eles *versus* os negros), as quais podem gerar sentimentos de privação fraterna e fortalecimento da branquitude, como vimos no estudo de Lima et al. (2014). Seguindo a mesma linha argumentativa, é possível afirmar que a privação relativa fraterna dos negros não branqueados pode ser concebida como um dos principais fatores responsáveis pelo avanço nas políticas de ação afirmativa e de inclusão social, pois alimenta os movimentos negros de luta por direitos iguais (Telles, 2004).

No Quadro 4.1 que aparecerá a seguir, considerando potenciais de leitura do racismo nacional pela Teoria da Privação Relativa, propomos uma hipótese de relação entre os níveis de comparação social acionados, o tipo de privação ou gratificação relativa resultante, a forma predominante de expressão do racismo e o processo identitário (ou de denegação identitária) deflagrado para brancos e negros. A célula ocupada pelos brancos que, individualmente, consideram estar em pior situação que outros brancos foi considerada uma "condição vazia" na análise, porque, não obstante ocorra em situações reais, não tem impactos perceptíveis no racismo e na identidade maioritária. A condição seguinte, dos negros egoisticamente privados, pode desencadear estratégias de mobilidade social individual, definida como um movimento de indivíduos e famílias de uma posição social para outra (Tajfel, 1982). A mobilidade social individual se baseia na crença de que as fronteiras entre os grupos são permeáveis. O branqueamento é, no caso do racismo brasileiro, emblemático dessa estratégia de deserção identitária. A definição de quem é negro no Brasil, diferentemente da que ocorre nos EUA, não tem a ver com descendência, mas sim com cor da pele. Como referido, trata-se aqui de um preconceito mais de marca que de origem, condição que produz um caleidoscópio de cores interconectadas à classe social, uma verdadeira "pigmentocracia" (ver Degler, 1971). Tal aspecto cria fronteiras mais *fuzzy* ou permeáveis entre os grupos racializados, permitindo que o branqueamento seja uma estratégia de mobilidade social individual.

A condição dos brancos gratificados nas comparações interindividuais é emblemática do mito da harmonia étnico-racial no Brasil, construído a partir da obra *Casa-grande & senzala*, de Gilberto Freyre. Trata-se da visão de que o racismo não existe aqui, que não temos discriminação de cor, mas de classe. Uma evidência empírica dessa condição é a ainda atual dificuldade encontrada em muitos estudos de conseguir que pessoas brancas afirmem sua cor e sua identidade branca. Nesses casos, a lógica é a de que "eu" (branco) "não tenho cor". Outro aspecto relativo ao sentimento de gratificação egoística dos brancos quando se comparam com outros de mesma cor é a própria branquitude, ou ideologia da superioridade branca, usada inclusive para distinguir os brancos pobres dos brancos ricos (Cardoso, 2008). Em um estudo, no qual usamos fotografias de grupos de brancos e de pretos, em cenários de sucesso e de fracasso socioeconômico, demonstramos que participantes brancos classificavam como menos brancos os que fracassavam e como mais brancos os que obtinham sucesso (Lima & Vala, 2004b).

Os negros egoisticamente gratificados em uma sociedade estruturalmente racista como a nossa podem, mesmo que involuntária e até não conscientemente, legitimar o racismo. Eles encarnam, ainda que subjetivamente – pois estamos falando em percepções relativas –, a estratégia da mobilidade social individual, uma vez que se sentem economicamente mais gratificados que os outros negros. Em casos extremos, podem ser usados pelo próprio racismo estrutural para desqualificar a luta antirracista, como aconteceu recentemente no Brasil, com a nomeação de Sérgio Nascimento de Camargo para presidir a Fundação Palmares. Camargo, que é negro, já afirmou que no Brasil o "racismo é *nutella*", que só existe racismo de verdade nos Estados Unidos. Ele também desqualificou várias personalidades negras importantes da história, da política e da cultura, a exemplo de Zumbi dos Palmares e Angela Davis (Folha de São Paulo, 2019). Colocar alguém negro, com esse perfil, dentro de uma fundação de luta antirracista é uma forma ideológica de deslegitimar a luta, a própria fundação e seus objetivos.

No primeiro quadrante do eixo vertical do Quadro 4.1, que trata do sentimento de privação/gratificação fraterna, podemos situar as expressões mais flagrantes ou abertas de racismo, o chamado racismo "fora de moda" (*old-fashioned*). Aquele que sempre volta à moda quando os interesses da branquitude são ameaçados. Trata-se de um racismo cujas expressões voltaram a ser frequentes no Brasil desde o início das políticas de ação afirmativa para acesso dos negros no trabalho e nas universidades, sobretudo a partir do início dos anos 2000.

Esse racismo mais flagrante, alimentado de um lado pela percepção de ameaça aos privilégios materiais (empregos, renda, serviços públicos, segurança etc.) e, de outro, pela percepção de ameaça de perda de identidade cultural dos grupos opressores, criou as condições para o avanço de partidos e propostas políticas de extrema-direita, mais conservadoras e populistas-reacionárias, no mundo inteiro na última década (Inglehart & Norris, 2016).

No Brasil, a consequência dessa onda conservadora foi o aumento das expressões mais abertas de racismo a partir de 2017, com incremento significativo no registro de crimes como injúria racial (Arcoverde, 2018), ódio em estádios de futebol (Estadão, 2017) e discriminação generalizada (Destak, 2018) (ver Lima, 2019 para uma revisão). Adotando uma expressão de Etienne

Balibar (1991), é como se tivéssemos saído de um "racismo inclusivo", no qual a opressão e a dominação dos negros e indígenas eram docilizadas e paternalistas, para cairmos em um "racismo excludente", voltado para a "higienização do corpo social" dos perigos que os grupos racializados podem representar. Nesse mesmo quadrante, pode-se ainda identificar o chamado "racismo dos brancos pobres", caracterizado pelo ressentimento dos brancos menos favorecidos e com expectativas de ascensão ou mobilidade social individual. Estes, com mais baixo status socioeconômico, são ressentidos. Para eles, os negros se tornam "bodes expiatórios". Tal racismo, muitas vezes, expressa-se nas violências racistas cometidas pela polícia, a cada dia mais frequentes no Brasil (Agência Brasil, 15/02/2022).

Como demonstrou uma pesquisa do Datafolha, com dados representativos da população nacional, existe relação entre os níveis de expressão de racismo e a renda familiar. Usando a escala de racismo "cordial" constituída por itens como "negro bom é negro de alma branca" e "negro, quando não faz besteira na entrada, faz na saída", constatou-se que apenas 11% dos brasileiros de renda mais baixa não manifestaram racismo, contra 16% dos de renda média e 24% dos de renda mais elevada (Turra & Venturi, 1995).

Na condição de privação fraterna para os negros, resultante da comparação social com os brancos, é que se desenham as estratégias de mudança social. A mudança social é definida como uma ampla alteração nas relações entre os grupos sociais, ela pressupõe perceber um problema, a opressão, por exemplo, como comum ao grupo e causado por outro grupo:

> *A mudança social, no sentido desta utilização do termo, refere-se ao outro polo das formas subjetivas de estruturação do sistema social onde o indivíduo vive. Basicamente, refere-se à sua crença de que está cercado pelas paredes do grupo social de que é membro; de que não pode deslocar-se de seu próprio grupo para outro a fim de melhorar ou mudar sua posição, ou condições de vida; e, portanto, de que a única maneira de mudar estas condições é em conjunto com o seu grupo. (Tajfel, 1982, p. 280)*

Como relata o historiador Petrônio Domingues (2007), no final do século XIX até a terceira década do século XX, já havia dezenas de associações políticas negras em São Paulo, Porto Alegre e Pelotas, inclusive algumas formadas exclusivamente por mulheres. O movimento negro se consolida com a fundação, em 1931, da Frente Negra Brasileira (FNB). Tal movimento se expande no Brasil, entre 1945 e 1964, porque:

> *1) houve, com a ampliação dos mercados de trabalho uma maior percepção de como a competição com os brancos era problemática; 2) os preconceitos e os estereótipos continuavam a perseguir os negros; 3) porque grande parte da população "de cor" continuava marginalizada em favelas, mucambos, alagados e na agricultura de subsistência. (Domingues, 2007, p. 26)*

Ainda segundo o autor, o movimento negro arrefece durante a ditadura militar, sendo sua terceira fase, entre 1978 e 2000, marcada pelo processo de redemocratização, e tendo como uma das pautas principais a de combate à política contra a mestiçagem, entendida como armadilha ideológica alienadora.

Finalmente, na condição dos brancos fraternalmente gratificados, situa-se ou reforça-se a lógica de que "branco não tem cor", de negação do racismo, ou de afirmação de um "racismo sem racistas", ou "cordial" e paternalista. Trata-se de um eixo de branquitude flagrante. Sabe-se que, desde sua origem, o racismo no Brasil primou por não se mostrar racista, como demonstrou Florestan Fernandes (1966) com a noção do "preconceito de ter preconceito".

Tal escamoteamento do racismo se reflete em teses mais recentes, como a do "racismo cordial" (Turra & Venturi, 1995) e, ainda, em outras teses estrangeiras, mas adaptáveis aqui, como a do "racismo sem racistas" (Bonilla-Silva, 2001). Como ilustra uma pesquisa do PoderData, realizada em 2020, com 2.500 entrevistados em 501 municípios do Brasil, 81% dos brasileiros dizem haver preconceito contra negros no Brasil, mas 57% dizem não ter preconceito de cor. Há ainda, os restantes 13%, que afirmam não existir racismo no país e

6% que não souberam responder. Ou seja, somados os que não sabem, não veem racismo ou não se admitem racistas, são 76% da nossa população.[3]

Quadro 4.1 – Hipóteses de relação ente os âmbitos das comparações sociais, os tipos de privação/gratificação relativa, as formas de expressão do racismo e dos processos identitários para brancos e negros

Âmbito da comparação social	Privados		Gratificados	
	Brancos	Negros	Brancos	Negros
Tipo de Privação Relativa Egoística: (“eu” *vs.* “meu grupo”)	–	Mobilidade social individual ou branqueamento: deserção identitária	Não identificação: “eu não tenho cor”	Lógica do “não é comigo”: racismo silenciado
Tipo de Privação Relativa Fraterna: (“meu grupo” *vs.* “o grupo deles”)	Racismo mais flagrante: o racismo é “mimimi” dos negros que estão sendo privilegiados por políticas públicas	Afirmação identitária: luta antirracista e por mudança social	Ideologia da branquitude (“branco não tem cor”) e negação do racismo: “racismo sem racistas”, “racismo cordial” ou paternalista	–
Tipo de racismo/ Tipo de branquitude	Racismo Heterorreferencial/ Expressão mais aberta ou flagrante/ Branquitude acrítica		Racismo Autorreferencial/ Expressão mais sutil (“novos racismos”)/ Branquitude crítica	

Sumarizando as condições de relação entre privação relativa e racismo, pode-se, em consonância com as ideias de Éttiene Balibar (1991), analisar o Quadro 4.1 a partir dos dois eixos verticais, que opõem “gratificados” a “privados”. Em cada eixo, tem-se um tipo de racismo. No eixo dos gratificados

3 https://www.poder360.com.br/brasil/81-veem-racismo-no-brasil-mas-so-34-admitem-preconceito-contra-negros/.

pode-se falar em um *racismo autorreferencial*, calcado na ideologia da branquitude. Nele, os racistas, exercendo violência física e/ou simbólica, designam-se como representantes de uma raça superior ou evitam as classificações raciais, alicerçando o mito da sociedade harmônica ou do racismo como vitimismo ("mimimi") das minorias (ver Lima et al., 2020). No racismo autorreferencial, não são os negros, ciganos ou indígenas que são inferiores, mas os brancos que são superiores. Trata-se de uma lógica semelhante à empregada nas expressões do "preconceito sutil", em que basta afirmar as diferenças ("somos diferentes"), para sugerir a superioridade ("somos melhores"). Ou ainda, "não são eles que são piores, nós é que somos melhores" (Vala et al., 1999).

No outro eixo vertical do Quadro 4.1, em que se encontram os "privados", pode-se falar do *racismo heterorreferencial* ou *heterofóbico* (Balibar, 1991), semelhante ao racismo do senso de posição grupal (Blumer, 1959). Nessa forma de manifestação do racismo, são atribuídas essências inferiores e infra-humanas ao outro, configurando uma ideologia flagrante de supremacia branca, a qual, enraizada desde o período colonial, permanece operando nas relações de poder, na divisão racializada do trabalho, na produção do conhecimento e na construção das identidades minoritárias e maioritárias. Pode-se referir aqui a noção de "colonialidade", para expressar os impactos dessa configuração racista nas mentes de brancos e negros (Nogueira, 2013).

Comparando os dois eixos descritos, vê-se, no primeiro deles, que o racismo se manifesta segundo a lógica dos "novos racismos", de forma mais sutil e disfarçada. Nele as posições de domínio não estão ameaçadas e, portanto, há um maior zelo com autoimagem de igualitários e com as narrativas "politicamente corretas"; de forma que o racismo é visto como um exagero retórico das minorias para justificar suas "perdas" na corrida meritocrática: a vítima do racismo é culpabilizada pela existência do racismo (revitimização). Uma forma de expressão racista típica entre brancos mais escolarizados e mais bem instalados nas posições de poder (Lima et al., 2020). No segundo eixo, as expressões tendem a ser mais flagrantes e abertas, o outro minoritário é visto como fonte de mal-estar e ameaça, o que configura um racismo ressentido contra e culpabilizador dos negros. Trata-se de uma expressão mais típica de racismo entre os brancos mais pobres e menos escolarizados, a exemplo dos "da classe C" (Lima, 2019).

Em concordância com o sociólogo Donald Muir (1993), podemos afirmar que, no primeiro eixo vertical, estariam os brancos antirracistas, mas ainda assim beneficiados pela branquitude, ou seja, a dimensão da branquitude crítica (Cardoso, 2008). Nesse mesmo eixo, também estariam os "racistas-amáveis"[4] de Muir (1993), aqueles que acreditam que existem diferenças raciais, mas defendem a tolerância às diferenças. Ao passo que, no segundo eixo, estariam os racistas flagrantes, que buscam ativamente oprimir e prejudicar membros de grupos definidos como "raciais". Em ambos os cenários, o racismo se equipara a uma arma: para os "amáveis", ela permanece discretamente guardada para ser usada quando convier; para os flagrantes, ela está sempre engatilhada e pronta para ferir, oprimir e dominar (Lima, 2020).

Neste capítulo, também foi analisada a Teoria da Justificação do Sistema (TJS). Como vimos, a TJS propõe que, paralelamente aos papéis que os estereótipos assumem como sistemas de justificação do ego e dos grupos sociais, eles atuam como formas de justificação do sistema, de forma a legitimar os arranjos sociais, muitas vezes, em detrimento dos interesses do próprio *self* e do grupo dos indivíduos, produzindo ou estimulando uma falsa consciência e alimentando o auto ódio (Jost & Banaji, 1994). A TJS permite, portanto, integrar desde as motivações mais individuais que explicam a "pedra angular" cognitiva do racismo – os estereótipos –, até explicações de nível posicional e ideológico, como as oferecidas pela Teoria da Privação Relativa, com explicações ainda mais amplas, relacionadas com os sistemas político-econômicos de opressão. Esse poder integrador da TJS ajuda a entender por que, muitas vezes, a própria minoria social, vítima de racismo, naturaliza o fenômeno e chancela a discriminação e desvalorização do seu próprio grupo, interiorizando a dominação ou a falsa consciência. Vimos que os autores conseguem evidências de que grupos de baixo status social expressam, muitas vezes, um favorecimento não consciente de grupos de alto status e desfavorecimento do seu próprio grupo. Esse aspecto marca um importante e necessário retorno da análise psicossocial do racismo à perspectiva das vítimas (Jost, Peiham, & Carvallo, 2002).

Em que pese o fato de ser uma teoria de inspiração marxista, de amplo espectro explicativo e com potencial de entendimento do racismo enquanto

---

4 *kind racist*, no original.

estratégia ideológica de opressão, a TJS, como vimos, não é muito utilizada pela psicologia social para entendimento do racismo nacional. Entretanto, ela poderia ajudar a entender a relação muito estreita entre racismo e elitismo ou o racismo social contra os pobres (aporofobia) no Brasil. Como referido ao longo deste livro, no Brasil, o variado caleidoscópio de categorização racial (de cor) se alia à estratificação social na produção da nossa "pigmentocracia" (Lovell, 1994):

> *Em suma, o Brasil pode ser descrito como uma sociedade onde as distinções de classe são profundamente marcadas, onde a classe e a cor sobrepõem-se, mas não coincidem, onde a classe muitas vezes prevalece sobre a cor, e onde a "raça" é matéria de foro individual e de preferência pessoal, ao invés de "filiação coletiva". (Guimarães, 1999, p. 49)*

A adoção dos postulados da TJS ajudaria a entender um fenômeno recente da política nacional com amplas implicações no racismo mais flagrante que temos assistido no Brasil desde 2013 (Lima, 2019). Estamos falando da reação de desprezo e ressentimento das elites econômicas nacionais, que se acham detentoras exclusivas do direito de consumo. Durante os governos do Presidente Luiz Inácio Lula da Silva e da Presidente Dilma Rousseff, houve a expansão de algumas franjas do mercado a grupos de pobres, a exemplo do uso do transporte aéreo, da realização de viagens ao exterior, da posse de automóveis, entre outros (Voigt & Pagani Junior, 2019). Seguindo as teses de Jessé Souza sobre a elites brasileiras, pode-se afirmar que o racismo brasileiro transcende suas estratégias de estigmatização para além dos negros, ciganos e indígenas, incluindo a pobreza e a marginalidade, em uma leitura "patrimonialista" do racismo nacional:

> *Assim, o racismo de classe serve para marcar as fronteiras de grupo, entre dominantes e dominados, operando uma* violência simbólica *em relação ao estilo de vida e aos valores das classes baixas, sendo produto da autoimagem elitista das classes dominantes e de uma estratégia de estigmatização e de distinção, que tem por finalidade última relegar os grupos dominados a uma condição*

> *de inferioridade, legitimando a estrutura social de desigualdades e afirmando uma posição de superioridade ocupada pelas elites. (Voigt & Pagani Junior, 2019, p. 235)*

Silva e Barbosa (2023), em um estudo com 150 policiais militares sobre estereótipos de suspeitos e abordagem policial, constatam que na visão dos PMs existe grande semelhança entre os estereótipos dos suspeitos e os das pessoas pobres. Também são muito relacionados os estereótipos dos pobres com os dos negros. Traços de aparência física, evocados pelos PMs, ligavam-se a tipo de cabelo, conectando as três categorias sociais: suspeitos, pobres e negros.

Outra contribuição possível da TJS seria uma integração com a Teoria da Identidade Social (TIS), que analisamos no capítulo anterior. Em 2012, a Jornalista Danuza Leão, em um artigo publicado na *Folha de São Paulo*, no qual se queixava da "popularização dos antigos programas de elite", afirma:

> *Bom mesmo é possuir coisas exclusivas, a que só nós temos acesso; se todo mundo fosse rico, a vida seria um tédio. [...] O problema é: como se diferenciar do resto da humanidade, se todos têm acesso a absolutamente tudo, pagando módicas prestações mensais? (Leão, 2012).*

Nesse caso, a noção de distintividade social da TIS, referente à necessidade de diferenciarmos o nosso grupo dos exogrupos em alguma dimensão comparativa relevante, associa-se com os estereótipos dos grupos, colaborando para a manutenção e justificação de um sistema de opressão elitista. Finalmente, o papel dos indivíduos e grupos desfavorecidos na legitimação dos estereótipos negativos sobre si mesmos, proposto pela TJS (Jost & Banaji, 1994), poderia ajudar a entender aspectos da ideologia do branqueamento no racismo nacional.

Conclusão

Neste capítulo, analisamos se teorias de nível ideológico, clássicas e modernas da psicologia social, foram ou poderiam ser usadas para o entendimento do racismo no Brasil. Três teorias foram consideradas: a do Conflito Intergrupal (TCI), a da Privação Relativa (TPR) e a da Justificação do Sistema (TJS), esta última como um pouco mais específica do racismo, uma vez que analisa os estereótipos e seu poder mistificador das desigualdades sociais.[5] As três teorias têm inspiração em uma perspectiva não harmônica das relações sociais, seja porque focam diretamente o conflito entre os grupos, como é o caso da TCI; seja porque analisa os elementos objetivos e subjetivos que alimentam, pelo processo de comparações sociais, os conflitos, como é o caso da TPR; ou ainda, porque enfoca os aspectos ideológicos de legitimação da opressão, como ocorre na TJS. As teorias da Privação Relativa e do Conflito Intergrupal Realístico são anteriores à década de 1960, tendo, portanto, um bom tempo de desenvolvimento e uso. Já a Teoria da Justificação do Sistema, por ser mais recente, da década de 1990, pode ter seu pouco aproveitamento pela psicologia social nacional explicado pela recenticidade. Entretanto, sabemos que vários outros fatores podem intervir na apropriação e uso das teorias em cada contexto.

Na perspectiva da psicologia social brasileira, entretanto, desde finais dos anos 1980 e seguindo influências como as de Martin-Baró, Leoncio Camino e Silvia Lane, tornou-se incontornável a análise do papel do poder na vida cotidiana, com ênfase em processos grupais e ideologias opressoras (Martins, 2003). Essa característica tornaria as três teorias citadas estratégicas para análise do racismo nacional. Entretanto, como refere Raquel Guzzo, no Brasil a psicologia ainda permanece distante de questões sociais e políticas, sobretudo, a psicologia mais empírica:

> *Questões reais, como pobreza, violência, desemprego, preconceito, exclusão e marginalização social são questões que não penetram na formação dos profissionais de psicologia pela*

---

5 É digno de nota o fato de que não existe, até onde vai nosso conhecimento, uma teoria clássica específica sobre racismo formulada pela psicologia social que se insira no nível ideológico de análise.

> *posição predominantemente hegemônica e colonizada de pesquisadores e professores, perpetuando as posições dominantes. (Guzzo, 2019, p. 2)*

Na análise da autora, a causa principal desse "alheamento" por parte da psicologia seria a importação de teorias, modelos e instrumentos de conhecimento dos países mais desenvolvidos, sobretudo, Estados Unidos e países europeus. Ao longo deste livro, temos mostrado que a "importação" de tais modelos hegemônicos não é, no caso da análise do racismo e mesmo dos estereótipos e preconceitos, nosso principal pecado. Há pouco uso das teorias clássicas e modernas do racismo pela psicologia nacional, mesmo pela sua versão mais empirista. Talvez a questão seja mais ampla e reflita para além da colonização o individualismo da disciplina. Como refere Tod Sloan (2000), a psicologia acadêmica fracassa em analisar fenômenos sociais mais amplos pelo seu excessivo foco individualista e dificuldade de análise dos processos ideológicos; mesmo as teorias críticas advindas com a pós-modernidade não quebram tal paradigma:

> *A pós-modernidade, sem dúvida, não quebrou com o paradigma individualista, da subjetividade, ao contrário, o exacerbou, o levou às últimas consequências, ao hiperindividualismo, gerando um sujeito egocêntrico, egoísta, ególatra, narcisista, hedonista, fechado, trancado em si mesmo. (Portela, 2006, p. 90)*

Há ainda que referir certa dicotomização da psicologia social nacional. A psicologia mais voltada para os temas do poder e das ideologias, de inspiração teórica mais marxista e epistemológica mais pós-estruturalista, tornou-se mais retórica que teórica porque, na maior parte das vezes, define-se como antiempírica. No outro extremo, a psicologia mais empirista, geralmente menos crítica dos modelos e pautas de pesquisa importados, tornou-se menos teórica e mais devotada a temas "universais" (estadunidenses e europeus), geralmente distantes da realidade excludente e racista do Brasil (Lima, 2014).

Esse cenário descortina uma paisagem de ausências ou invisibilizações teóricas e metodológicas na psicologia social do racismo, demandando a criação de uma agenda de incentivos, em todos os níveis (individuais, sociais, coletivos e institucionais), de produção de conhecimento sobre o tema. Conhecimento que permita a formulação, aplicação e diagnóstico de políticas públicas para construção de uma sociedade justa e inclusiva.

5. Considerações finais

Neste livro, fizemos uma análise sistemática do uso de teorias psicossociais – mais gerais, do conflito e mais específicas – pela psicologia nacional, para entendimento do racismo ou do preconceito. A apresentação das teorias foi organizada em quatro níveis de análise: intraindividual, interindividual, posicional e ideológico. Em cada capítulo, analisou-se um nível.

No primeiro, testou-se o poder explicativo de quatro teorias de nível intraindividual, três gerais sobre o conflito (Teoria da Personalidade Autoritária, Hipótese do Espírito Fechado e Teoria da Dominância Social), e uma mais específica do racismo (Teoria do Racismo Aversivo). Verificou-se que nenhuma das quatro foi utilizada para análise do racismo no Brasil.

Foram analisadas, no Capítulo 2, as explicações de nível interindividual trazidas pelas Teorias da Aprendizagem Social e as Hipóteses da Frustração-Agressão e do Contato, além da Teoria do Racismo Ambivalente, esta específica sobre o fenômeno. Constatou-se mais uma vez um baixo aproveitamento dessas teorias pela psicologia social nacional, não havendo estudos empíricos sobre qualquer uma delas.

As explicações de nível posicional, que enfatizam o *status* social dos grupos, foram avaliadas no Capítulo 3. Do mesmo modo que nos capítulos anteriores, neste verificamos que as teorias da Identidade Social e da Ameaça Integrada, assim como as do Preconceito Sutil e do Racismo Moderno/

Simbólico quase não foram aplicadas de forma empírica e específica para análise do racismo ou do preconceito no Brasil.

Finalmente, no último Capítulo, foram pesquisadas três teorias de nível ideológico (Conflito Intergrupal Realístico, Privação Relativa e Justificação do Sistema). Não obstante duas delas terem surgido ainda na década de 1960 e de serem explicações que enfatizam as relações de opressão e dominação, temas caros à psicologia social nacional, não foram encontrados artigos que as empregassem para pesquisar racismo ou preconceito no Brasil.

Algumas explicações possíveis para o pouco aproveitamento dessas teorias pela psicologia do Brasil podem ser as seguintes: 1) o racismo nacional é peculiar: teorias ambientadas em outros contextos não têm potencial explicativo para compreendê-lo e enfrentá-lo no Brasil; 2) utilizar teorias importadas do eixo norte da dominação contribuiria para a colonização intelectual da psicologia; e 3) os temas citados não são objeto de interesse por parte da ciência, havendo pouca publicação sobre racismo e preconceito no Brasil. Por fim, um questionamento: como integrar os diversos níveis para produzir uma análise que efetivamente reconheça que o racismo é sistêmico e articule os níveis mais psicológicos aos societais na sua explicação?

O racismo nacional é peculiar: teorias ambientadas em outros contextos não têm potencial explicativo para compreendê-lo e enfrentá-lo

> *"O racismo é uma realidade global!" Pode ser reconfortante pensar nisso como confinado ao Ocidente e refletindo o colonialismo e o tráfico de escravos. Mas outras formas de racismo, com histórias igualmente tristes, podem ser encontradas também em outras regiões do mundo, na verdade em todas as regiões. As vítimas diferem em língua e cultura. Mas a experiência de exclusão, subordinação, violência e discriminação são notavelmente semelhantes. Portanto, devemos começar a entender o racismo como*

um fenômeno mundial que requer uma resposta mundial. (Boyle, 2005, p. 2, tradução nossa)

Essa foi a principal conclusão retirada na Conferência de Durban, realizada em 2001, em Durban, na África do Sul, pelas Nações Unidas. A Conferência reflete as posições de vários segmentos de todas as regiões do mundo que lidam diretamente com a questão do racismo, a exemplo de governos, organizações governamentais e não governamentais e grupos da sociedade civil, reunidos com o objetivo de manifestar um repúdio global às formas contemporâneas de racismo e definir um programa de ação abrangente para erradicá-lo. Nesse sentido, o racismo precisa ser entendido como um fenômeno mundial que requer uma resposta também de nível global. Todas as sociedades, devem abordar o racismo nas formas em que ele se manifesta em suas vidas e culturas e devem, igualmente, considerar que o núcleo central de todos os racismos é comum: a negação da completa humanidade e igualdade a outras pessoas por causa de sua raça, etnia ou nacionalidade (Boyle, 2005).

Episódios, como o que aconteceu na colheita de uvas no Rio Grande do Sul, onde se constatou trabalho escravo de imigrantes nordestinos, refletem explicitamente o racismo. Tal fato fica palpável na fala do vereador Sandro Fantinel, de Caxias do Sul, que, em um discurso na Câmara Municipal, feito em 28 de fevereiro de 2023, declarou: "Não contratem mais aquela gente lá de cima", referindo-se a trabalhadores vindos da Bahia, destacando que se deve dar preferência à mão de obra vinda da Argentina porque são, nas palavras dele, "limpos, trabalhadores e corretos"; enquanto, sobre os trabalhadores baianos, afirmou: "A única coisa que eu disse dos baianos é que eles gostam só de tocar tambor e ficar na praia, né. Se a gente fosse ter essa conversa em um outro momento, a pessoa iria dizer: 'ah, é verdade. É a cultura deles, não tem nada de mal'" (G1, 01/03/2023).

Em junho de 2020, a juíza Inês Marchalek Zarpelon, da 1ª Vara Criminal do Foro Central da Comarca da Região Metropolitana de Curitiba (PR), ao condenar um homem negro a 14 anos e 2 meses de prisão por supostamente integrar organização criminosa e praticar furtos, justificou assim sua decisão:

> *Sobre sua conduta social, nada se sabe.* Seguramente integrante do grupo criminoso, em razão da sua raça, *agia de forma extremamente discreta os delitos e o seu comportamento, juntamente com os demais, causavam o desassossego e a desesperança da população, pelo que deve ser valorada negativamente. (Ferreira, 13/08/2020, grifos nossos)*

Em 22 de janeiro de 2020, o então presidente da República, Jair Bolsonaro, quando discursava em *live* sobre as atribuições do Conselho da Amazônia, afirmou que o "índio está evoluindo" e "cada vez mais é um ser humano igual a nós" (Freire, 23/01/2020). Na Europa, sobretudo a partir dos anos 90 do século passado, um conjunto de políticas, práticas e discursos racistas contra os muçulmanos começou a se espalhar, gerando o desenvolvimento de uma islamofobia sistêmica, baseada em expressões como: "a invasão islâmica", "a diferença irredutível", "a incompatibilidade" e "a integração impossível". Os muçulmanos são percebidos e definidos como uma "raça" ou "semirraça", a partir de uma racialização da cultura e da crença religiosa (Perocco, 2018). Tal islamofobia se conecta a eventos como o assassinato de 51 pessoas em duas mesquitas da Nova Zelândia, em 2019, perpetrado pelo supremacista branco Brenton Tarrant.

Todos esses crimes racistas, embora possam diferir em termos das vítimas, perpetradores, *modus operandi* e contextos, têm a marca universal do racismo: a negação da completa humanidade e igualdade a outras pessoas por causa de sua raça, etnia, religião ou nacionalidade. Em todos os casos relatados, estruturas de desigualdade, com destaque para as desigualdades econômicas, foram estabelecidas no passado, tomando por base e, ao mesmo tempo, legitimando, pressupostos racistas (Boyle, 2005). De forma que é possível afirmar que o conteúdo, os atores e contextos do racismo mudam, mas permanece comum a todas as suas manifestações o processo de desumanização e aparelhamento de estruturas de opressão e exclusão. Todos esses processos e estruturas racistas aparecem de forma semelhante nas várias teorias apresentadas ao longo deste livro. Como refere Jessé Souza, sobre a ideia central do seu livro *Como o racismo criou o Brasil*: "A tese central deste livro é a de que todos os 'racismos' seja de gênero, de raça, de classe ou de cultura, possuem um núcleo comum e devem ser tratados simultaneamente" (Souza, 2021, p. 27).

Então, respondendo à primeira indagação: sim, o racismo nacional é peculiar. Mas, teorias ambientadas em outros contextos têm enorme potencial explicativo para compreendê-lo e enfrentá-lo no Brasil. É necessário, antes de ignorá-las, testá-las, adaptá-las, criticá-las e aperfeiçoá-las para o nosso contexto.

Utilizar teorias importadas do eixo norte da dominação contribui para a colonização intelectual da psicologia nacional

Aqui há que se referir primeiro que já existe certa colonização intelectual da psicologia nacional, inclusive dentre os mais críticos da área. A própria psicologia social crítica feita no Brasil usa muito pouco dos referenciais nacionais, sendo muito tributária da filosofia francesa. Tendência que não é somente nossa. Para o psicólogo iraniano Fathali Moghaddam, as ciências sociais e a psicologia, de forma particular, são os mais importantes sistemas importados do mundo moderno (Moghaddam & Taylor, 1986). Pratica-se, em países do eixo sul o que Martín-Baró (2017) chama de "mimetismo científico", que faz com que as pesquisas e reflexões teóricas inspirem-se em centros acadêmicos do Norte Global, distantes das realidades de pobreza que moldam a vida cotidiana da maioria das populações nesses países (Adams et al., 2015).

Todavia, como refere Castro (2021), é preciso produzir uma transformação radical nos nossos modelos e teorias para que eles passem "a refletir a condicionalidade, a parcialidade e a historicidade do conhecimento" (p. 50). Na lógica de descolonização proposta pela autora, é preciso darmo-nos conta da servidão para poder contestá-la; sendo a problematização das teorias importadas um dos caminhos recomendados: "Trata-se, portanto, de uma convocação para uma revolução epistemológica em que os países do Sul possam se distanciar dos lugares hegemônicos de enunciação e provincializar a Europa e seu saber" (Chakrabarty, 2009). Sem dúvida, essa postura implica em "enfrentamento epistêmico" (Castro, 2021, p. 47). Tal "provincialização" das teorias do eixo norte passa, necessariamente, pela sua apropriação, teste, adaptação ou descarte na leitura da nossa realidade. Como referimos na introdução deste livro, um epistemicídio não é a melhor arma para vencer outro epistemicídio. Para deixarmos de ser "intelectuais compradores" (Sivanandan, 1990, p. 4), precisamos avaliar o produto, questioná-lo e situá-lo no seu âmbito explicativo, aproveitando essa exogeneidade para entender e expressar as peculiaridades endógenas dos nossos fenômenos, produzindo efetivamente uma psicologia social autóctone (Allwood & Berry, 2006).

Todavia, talvez, como refere Santos (2002), para combater o desperdício por parte da psicologia social, seja das teorias exógenas, seja das experiências nacionais particulares sobre a teorização do racismo, não basta adaptar teorias, mas é preciso propor um modelo diferente de inteligibilidade ou de racionalidade. Em tal modelo, o ponto de partida é a crítica a certa forma de razão "indolente", para propor, no caso que nos interessa, uma "psicologia das ausências", que assumindo a incompletude de todos os saberes, endógenos ou exógenos, propõe:

> *[...] a possibilidade de diálogo e de disputa epistemológica entre os diferentes saberes. O que cada saber contribui para esse diálogo é o modo como orienta uma dada prática na superação de uma certa ignorância. O confronto e o diálogo entre os saberes é um confronto e diálogo entre diferentes processos através dos quais práticas diferentemente ignorantes se transformam em práticas diferentemente sábias. (Santos, 2002, p. 250)*

Nessa mesma esfera, Teo (2022) propõe que é preciso, para dar conta dos fenômenos analisados, criar conceitos novos ou mesmo novas "taxonomias de ignorância", que nos ajudem a dimensionar o nível do nosso desconhecimento e as limitações do conhecimento. Tal "ignorância epistêmica" permite teorizar não apenas sobre os resultados da pesquisa em psicologia, mas também sobre o que é deixado de fora e por que, evitando-se práticas solipsistas de teorização que ignorem a temporalidade e contextualidade dos fenômenos abordados.

O argumento principal neste livro é o de que, para garantir a temporalidade e a contextualidade dos fenômenos psicológicos, é preciso testar as teorias ou explicações existentes, tensioná-las com as novas realidades, a fim de fazê-las avançar e, sobretudo, se transformar junto com a realidade social de opressão:

> *Acreditamos que, frente aos processos de mudança, o cientista social latino-americano deve assumir um compromisso crítico. Compromisso porque não é possível ignorar a justiça fundamental das causas populares ou as intoleráveis situações vividas pelas minorias de nossos países. Compromisso crítico porque é preciso elaborar, permanentemente, avaliações sobre a realidade e a marcha dos processos. Se o compromisso exige do cientista proximidade e participação, o caráter crítico exige objetividade e independência. Reencontramos, assim, as condições necessárias para o trabalho científico, mas com sentido muito diferente. Não se trata de uma objetividade pretensamente imparcial e ascética, mas de um sistemático respeito às realidades históricas no horizonte de uma opção ético-política; também não se trata de uma independência garantida por isolamento, mas de uma profunda liberdade de espírito para construir a verdade do horizonte almejado. (Martín-Baró, 2017, pp. 48-9)*

Portanto, é possível utilizar teorias importadas sem adotar um assujeitamento intelectual, desde que assumindo uma postura crítica-rigorosa, com liberdade e independência, a fim de salvaguardar a necessária "interrelação" ou interculturalidade destacada por Walsh (2009), ou, como já referido pela mesma autora, "um lugar próprio", a partir do qual se possa dialogar com o resto do mundo.

Os temas citados não são objeto de interesse por parte da ciência, havendo pouca publicação sobre racismo e preconceito no Brasil

"A luta contra o racismo começa com a informação" (Boyle, 2005, p. 1). Essa frase aparece na primeira página do livro *Dimensões do racismo: anais de um workshop para comemorar o fim da terceira década das Nações Unidas de combate ao racismo e à discriminação racial*,[1] organizado pelo Escritório do Alto Comissariado das Nações Unidas para os Direitos Humanos (OHCHR) em cooperação com a Organização das Nações Unidas para a Educação, a Ciência e a Cultura (Unesco). A informação produzida pela ciência é fundamental nessa luta, de forma que ela necessita existir e ter compromisso com a realidade, pois, como refere Robert Miles (1989), quando a análise dos fenômenos é imprecisa, a estratégia de combate e mudança social pode não ser efetiva.

Como vimos ao longo deste livro, os estudos sobre racismo são muito escassos na psicologia nacional, e as teorias formuladas fora do Brasil podem, se não adaptadas e transformadas, produzir análises imprecisas e engendrar práticas sociais de combate ao racismo fracas e ineficientes. Mesmo fora da psicologia, a maior parte das análises do racismo realizados no Brasil, incluindo os estudos críticos, limitam-se simplesmente a provar que o racismo existe, sem, no entanto, ajudar muito a compreendê-lo: "Saber que o racismo existe não significa compreendê-lo, do mesmo modo que nomear um fenômeno não significa saber o que ele é, como funciona ou como afeta as suas vítimas" (Souza, 2021, p. 15).

Talvez, uma forma inicial de abordar essa questão seja indagarmos se o aparente desinteresse da psicologia nacional pelo tema do racismo e, mesmo, dos preconceitos pode-se dever ao fato de esses não serem temas importantes na ciência, refletindo-se aqui um desinteresse global pela temática. Uma busca, realizada no Google Books Ngram Viewer, um poderoso mecanismo de pesquisa online que mapeia as frequências de termos em livros impressos entre 1800 e 2019 em todo mundo, publicados em alguns idiomas (infelizmente a língua portuguesa ainda não está disponível na ferramenta), retornou para os termos "estereótipos", "preconceito" e "racismo" resultados que demonstram que, desde o início do século XIX, publicava-se sobre esses temas. No caso do preconceito, uma das primeiras análises foi o romance de costumes *Pride and prejudice*, de Jane Austen, publicado em 1813. Já os estereótipos despertaram um interesse mais recente, em 1900 aparece o livro *The human stereotypes*, de Valentin Matcas, que traz uma visão positiva dos estereótipos,

1 No original: "Dimensions of Racism: Proceedings of a Workshop to commemorate the end of the United Nations Third Decade to Combat Racism and Racial Discrimination".

como conhecimentos socialmente impressos que ajudam a satisfazer necessidades de conhecimento. O interesse pelo racismo também é mais recente, remonta principalmente ao século XX e cresce nos últimos anos, superando os outros dois temas em termos de publicações de livros. Um exemplar histórico encontrado na pesquisa é o livro *Racism*, escrito por Magnus Hirschfeld durante seu exílio na França por causa do nazismo alemão, publicado em 1938.

Na Figura 5.1, pode-se ver que, enquanto o interesse pelo tema do preconceito cai ao longo das décadas e pelo dos estereótipos cresce muito lentamente, o interesse pelo racismo começa a crescer a partir da década de 1960, chegando inclusive a superar o interesse pelos estereótipos e, em 2012, o interesse pelo preconceito. Em 1800, o preconceito aparecia em 0,003% das produções literárias, os estereótipos em 0,000002% e o racismo era quase ausente: 0,00000007%. Mais de 200 anos depois, em 2019, o racismo aparece em 0,001%, o preconceito em 0,0009% e os estereótipos em 0,0006% dos livros publicados em língua inglesa. A queda do interesse pelo tema do preconceito entre 1800 e 2019 foi da ordem de 70%, o interesse pelos estereótipos aumentou 300 vezes, sobre o racismo o interesse cresceu ainda mais, em torno de 140 mil vezes.

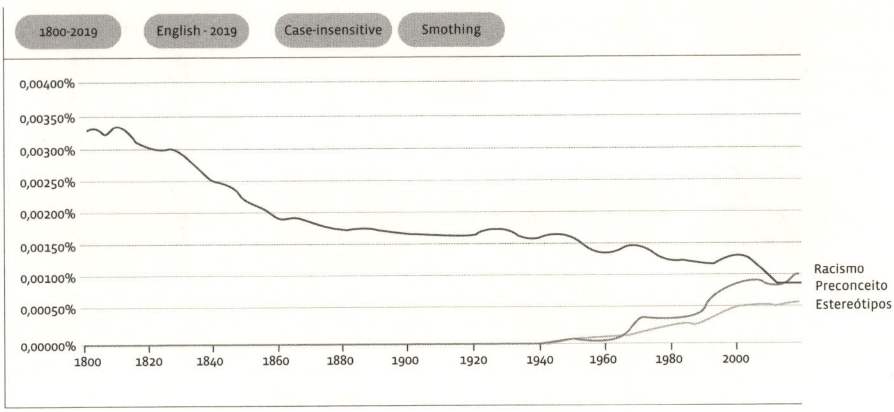

Figura 5.1 – Percentagens de ocorrências dos termos estereótipos, preconceito e racismo nas publicações de livros em língua inglesa entre 1800 e 2019.

Fonte: Google Books Ngram Viewer. Disponível em: https://books.google.com/ngrams/.

Também nos periódicos Capes, o termo "racismo" se tornou prevalente nas publicações a partir da década de 1950, muito provavelmente impulsionado pelo nazifascismo; respondendo por 40% das publicações envolvendo os três temas até 2019. Os estereótipos, por sua vez, tornaram-se mais significativos que o preconceito no século XXI. Cabe referir que, em relação aos estereótipos, não havia publicações na língua portuguesa (disponíveis no Portal de Periódicos Capes) até 1950, entre 1951 e 2000 aparecem 56 documentos e, a partir de 2021, 1585 documentos, totalizando 1641 publicações. Sobre o preconceito também não há registros até 1950, depois de 1950 até o fim do século passado, foram 117 documentos e, neste século, 2347, somando 2464 registros. Sobre o racismo, os primeiros 123 registros ocorrem entre os anos 1951 e 2000, havendo 2147 no século atual, em um total de 2270. Ou seja, em língua portuguesa, diferentemente das publicações em outros idiomas, o preconceito gera mais publicação do que o racismo (ver Figura 5.2).

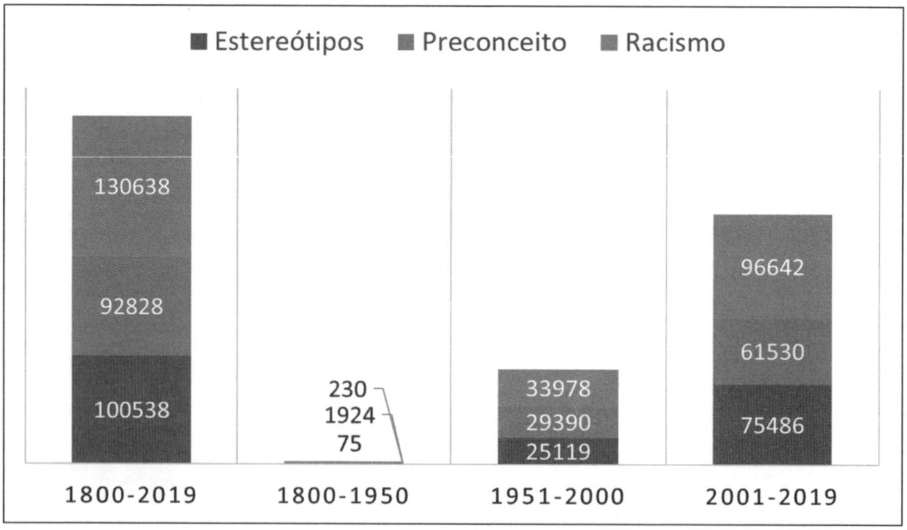

Figura 5.2 – Número de ocorrências dos termos estereótipos, preconceito e racismo nos Periódicos Capes entre 1800 e 2019.

Fonte: consulta feita em 21 de fevereiro de 2023.

Uma busca mais específica por estes termos, feita em novembro de 2020 e considerando quatro dos sete periódicos Qualis A1 da psicologia nacional daquela época, indicou que em nenhuma das revistas a produção sobre o racismo atinge 1% dos artigos publicados. Como se pode ver na Figura 5.3, mesmo a revista *Psicologia & Sociedade*, da Associação Brasileira de Psicologia Social (Abrapso), historicamente engajada nas lutas contra a opressão das minorias, veiculou pouco conteúdo específico sobre racismo. Dentre os 1256 artigos publicados nesse periódico, desde sua criação, apenas oito trazem o termo "racismo" nos títulos, outros seis artigos tratam de preconceito e 33 abordam estereótipos.

Nas revistas *Temas em Psicologia*, *Estudos em Psicologia* e *Psicologia: Teoria e Pesquisa*, foi encontrado apenas um artigo em cujo título aparece o termo "racismo", nos três materiais, em mais de mil artigos publicados. Do total dos 4771 artigos publicados nos periódicos analisados, 11 foram sobre racismo (0,2%), 43 sobre preconceito (0,9%) e 53 sobre estereótipos (1,1%). Ou seja, em quatro das principais revistas nacionais da psicologia o tema do racismo foi ainda mais desimportante que o dos preconceitos e dos estereótipos. Isso nos ajuda a entender o subaproveitamento das teorias psicossociais para análise do racismo e do preconceito, constatado nas buscas empreendidas neste livro.

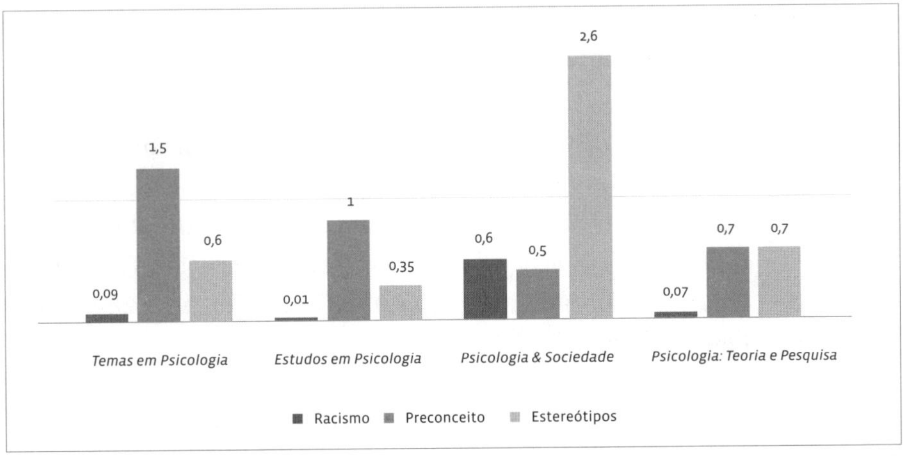

Figura 5.3 – Número de artigos publicados até novembro de 2020 em quatro periódicos A1 da psicologia nacional em cujo título aparecem os termos "racismo" ou "estereótipos" ou "preconceito".

Assim, mais do que um não uso das teorias, a psicologia do Brasil ainda publica muito pouco sobre racismo e preconceito, quando comparada, por exemplo, com a psicologia dos Estados Unidos. Naquele país, há publicações sobre esses dois temas na psicologia desde a década de 1930, com 29 trabalhos; entre 2000 e 2008 foram publicados 1.829 trabalhos. Na atualidade, aproximadamente 10% da produção dos quatro principais jornais de psicologia social do mundo, três estadunidenses: *Personality and Social Psychology Bulletin*, *Journal of Personality and Social Psychology* e *Journal of Experimental Social Psychology*, e um europeu: *European Journal of Social Psychology*, tratam desses temas, com tendência de crescimento nos últimos anos (Dovidio et al., 2010).

O pouco interesse da psicologia nacional sobre o racismo, e mesmo sobre o preconceito, deve-se a alguns fatores mais gerais e outros mais específicos. Dentre os fatores mais gerais, destaca-se o fato de que o Brasil, enquanto país, demorou a admitir oficialmente a existência de racismo, o qual foi reconhecido apenas na década de 1990 pelo governo. Um outro fator, já comentado neste livro, tem a ver com as formas de expressão do racismo no Brasil, quando comparada aos racismos da África do Sul e dos Estados Unidos, tendo sido mais velado e escorregadio desde suas origens, sem segregação racial aberta, o que dificultou sua detecção pela ciência nacional, feita, na maior parte dos casos, por pesquisadores brancos de classe média:

> *Enquanto a história de racismo flagrante e institucional nos EUA fez com que este tema se tornasse foco de atenção científica desde muito cedo. O racismo no Brasil tem se apresentado de modo mais sutil e a segregação legal não existe desde a abolição da escravidão. Tanto que Du Bois afirma que a raça não é uma questão importante no Brasil. (Telles, 2004, p. 2)*

Mesmo nessa conjuntura, a sociologia da Escola Paulista já havia denunciado e pesquisado de forma sistemática o racismo do Brasil desde finais da década de 1950. O relativo atraso no interesse da psicologia pelo tema pode-se dever a certo conservadorismo de pautas que caracterizou a nossa área de formação até recentemente, a qual reconheceu apenas no final do século passado, por meio da Resolução nº 01/1999, que as práticas homossexuais não eram uma doença, distúrbio ou perversão. Cabe, entretanto, referir alguns cientistas que se constituem como minoria inovadora importante que reagiu a esse silenciamento da disciplina sobre o racismo. Trata-se de expoentes da psicologia que abordam o racismo, ainda na época de surgimento da disciplina nas universidades, a exemplo de Raul Briquet, Arthur Ramos, Donald Pierson, Dante Moreira Leite, Virgínia Leone Bicudo e Aniela Ginsberg. Estas duas últimas colaboraram inclusive com os estudos da Escola Paulista de Sociologia, conduzidos por Florestan Fernandes e Roger Bastide, na década de 1950 (Santos, Schucman, & Martins, 2012).

Como integrar os diversos níveis para produzir uma análise que efetivamente reconheça que o racismo é sistêmico e articule os níveis mais psicológicos aos societais na sua explicação?

> *Que o racismo não é inevitável, mostram-nos as transformações que tem sofrido, decorrentes da emergência da norma antirracista. Que o racismo tende a perdurar, mostra-o a necessidade de legitimar a discriminação dissociando-a de sua base racista e associando-a a um comportamento justo, defensivo ou contraofensivo, face ao sentimento de ameaça à identidade da maioria dominante.*
>
> (Vala, 2021, p. 134)

O cenário descrito na epígrafe acima trata do recrudescimento do racismo em sociedades formalmente democráticas da Europa. O autor demonstra, de forma ampla e integradora de diversos níveis de análise da psicologia social, a necessidade de novas e mais percucientes análises, que considerem as duas marcas centrais do racismo (no mundo inteiro): a flexibilidade e a persistência.

Como temos referido ao longo deste livro, para a elaboração, execução e avaliação de políticas públicas verdadeiramente eficientes de combate ao racismo é preciso desenvolver, *pari passu*, a pesquisa e teorização sobre o tema. Pesquisa malfeita e teorização superficial geralmente vêm acompanhadas de arrogância intelectual e encapsulamento científico, os quais têm dificultado o entendimento do fenômeno. No Brasil, como refere Jessé Souza, temo-nos limitado, quando muito, a detectar o racismo, sem ainda entendê-lo. Como, então, ampliar a pesquisa e aprofundar a teorização do racismo no Brasil?

Ainda seguindo as ideias do autor citado, para superar essa convicção (afetiva e desinformada), é preciso reconstruir aquilo o que o racismo destrói nas pessoas, para desnudar e neutralizar todas as múltiplas faces e formas que ele pode assumir em cada contexto de relação racializada. Trata-se, pois, de conhecer para combater esse racismo multidimensional. Essa é a questão central que motivou a realização deste livro e tem dado sentido a muitas trajetórias acadêmicas e sociais.

Um passo inicial, mas indispensável, é induzir um maior desenvolvimento da teorização e da investigação sobre o racismo na psicologia social brasileira. É preciso estabelecer, fomentar e difundir uma agenda nacional de pesquisa sobre o tema, por meio dos órgãos representativos da área, das universidades e das agências de fomento. Nessa direção, um bom ponto de partida seria a indução por parte da Capes (Coordenação Nacional de Aperfeiçoamento de Pessoal de Nível Superior) de programas multidisciplinares de pós-graduação *Stricto Sensu* específicos sobre o tema.

Como se trata de um fenômeno sistêmico e multinível, é importante que as pesquisas sobre o racismo nacional permitam uma integração maior entre grupos envolvidos, colaborando para o surgimento de uma rede nacional de combate ao racismo, que ligue os vários elos da pesquisa, desde os estudos sobre a socialização do racismo na infância, passando pela mídia, escola, pares e outras agências, com os elos das análises sobre as formas e contextos de expressão (cultural e institucional) do racismo e sobre suas funções nas relações com a branquitude.

Finalmente, de posse dessas informações continuadas e sistemáticas sobre racismo, formuladores e executores de políticas públicas poderiam intervir, de forma também multinível, no combate ao fenômeno: "Assim, o antídoto mais eficiente para combater esse vírus é aquele que muda suas condições institucionais ou estruturais de reprodução e incubação, algo que combata a perpetuação das desigualdades entre os grupos" (Lima, 2019, p. 173).

Referências

Abrams, D. (2010). *Processes of prejudice: Theory, evidence and intervention.* Equality and Human Rights Commission.

Adams, G., Dobles, I., Gómez, L. H., Kurtiş, T., & Molina, L. E. (2015). Decolonizing Psychological Science: Introduction to the Special Thematic Section. Journal of Social and Political Psychology, 3(1), 213–238. https://doi.org/10.5964/jspp.v3i1.564

Adorno, T. W., Frenkel Brunswik, E. S., Levinson, D. J., & Sanford, R. N. (1950). *The Authoritarian Personality.*

Nitahara, A. (2022, 15 fevereiro). Pesquisa aponta aumento do racismo nas abordagens policiais no Rio. Agência Brasil. https://agenciabrasil.ebc.com.br/direitos-humanos/noticia/2022-02/pesquisa-aponta-aumento-do-racismo-nas-abordagens-policiais-no-rio

Akers, R. (1973). *Deviant behavior: A social learning approach.* Wadsworth.

Albarracin, D., & Shavitt, S. (2018). Attitudes and attitude change. *Annual review of psychology,* 69(1), 299-327. https://doi.org/10.1146/annurev-psych-122216-011911

Alencastro, L. F. (1998). Vida privada e ordem privada no Império. In F. A. Novais (Ed.), *História da vida privada no Brasil - Vol.2: Império: a corte e a modernidade nacional* (pp. 11–94).

Alexandre, V. (1999). O império e a ideia de raça (séculos XIX e XX). In *Novos Racismos: Perspectivas Comparativas*. Celta Editora.

Allport, G. W. (1979). The Nature of Prejudice. Reading, MA: Addison-Wesley. (Trabalho original publicado em 1954).

Allwood, C. M., & Berry, J. W. (2006). Origins and development of indigenous psychologies: An international analysis. *International Journal of Psychology*, 41(4), 243–268. https://doi.org/10.1080/00207590544000013

Arancibia-Martini, H., Ruiz, M. A., Blanco, A., & Cárdenas, M. (2016). New evidence of construct validity problems for Pettigrew and Meertens' (1995) blatant and subtle prejudice scale. *Psychological Reports,118* (2), 544–564.

Araújo, A. M. (2019, 3 novembro). "Pobre de avião", o DNA da ultra-direita brasileira. *Jornal GNN*. https://jornalggn.com.br/opiniao/pobre-de-aviao-o-dna-da-ultra-direita-brasileira-por-andre-motta-araujo/

Araújo, J. Z. (2000). *Identidade racial e estereótipos sobre o negro na TV brasileira*. Paz e Terra.

Arcoverde, L. (2018, 27 julho). Crimes de racismo e injúria racial crescem 29% em São Paulo em 2018. *Portal G1*. https://g1.globo.com/sp/sao-paulo/noticia/2018/07/27/crimes-de-racismo-e-injuria-racial-crescem-29-em--sao-paulo-em-2018.ghtml

Balibar, E. & Wallerstein, I. *Race, Nation, Class: Ambiguous Identities*. Londres: Nova York, Verso: 1991.

Bandura, A. (1977). *Social learning theory*. Englewood Cliffs, N.J. Prentice--Hall.

Bandura, A. (1979). Self-referent mechanisms in social learning theory. *American Psychologist*, *34*(5), 439–441. https://doi.org/10.1037/0003-066x.34.5.439.b

Bandura, A. (2008). Observational Learning. *The International Encyclopedia of Communication*. https://doi.org/10.1002/9781405186407.wbieco004

Barros, Z. S. (2003). Casais inter-raciais e suas representações acerca da raça. *Dissertação de Mestrado não publicada*. UFBA, Salvador.

Berkowitz, L. (1989). Frustration-aggression hypothesis: Examination and reformulation. *Psychological Bulletin, 106*(1), 59–73. https://doi.org/10.1037/0033-2909.106.1.59

Berm, D. (1972). Self-perception theory. In L. Berkowitz (Ed.), *Advances in experimental social psychology* (Vol. 6).

Bernstein, M., & Crosby, F. (1980). An empirical examination of relative deprivation theory. *Journal of Experimental Social Psychology, 16*(5), 442–456. https://doi.org/10.1016/0022-1031(80)90050-5

Biernat, M., Vescio, T. K., Theno, S. A., & Crandall, C. S. (1996). Values and prejudice: Toward understanding the impact of American values on outgroup attitudes. In C. Seligman, J. M. Olson, & M. P. Zanna (Eds.). *The psychology of values: The Ontario symposium.* (Vol. 8, pp. 153–189). Lawrence Erlbaum Associates, Inc.

Billig, M. (1976). *Social psychology and intergroup relations.* London: Academic Press.

Blair, J. (1999). Ambivalent Racism Scale. In *ERIC.* https://eric.ed.gov/?id=ED439159.

Blumer, H. (1958). Race prejudice as a sense of group position. *Pacific Sociological Review, 1,* 3-7.

Bobo, L. (1983). Whites' opposition to busing: Symbolic racism or realistic group conflict? Journal of Personality and Social Psychology, 45(6), 1196–1210. https://doi.org/10.1037/0022-3514.45.6.1196

Bobo, L. (1988). Group conflict, prejudice and the paradox of racial attitudes. In P. Katz & D. A. Taylor (Eds.), *Eliminating racism: Profiles in controversy.* New York: Plenum.

Bobo, L., & Hutchings, V. L. (1996). Perceptions of racial group competition: Extending Blumer's theory of group position to a multiracial social context. *American Sociological Review,* 61(6), 951–972. https://doi.org/10.2307/2096302

Bonilla-Silva, E. (2013). *Racism without racists: Color-blind racism and the persistence of racial inequality in America* (4th ed.). Lanham, MD: Rowman & Littlefield.

Bonin, J. A. (2003). Telenovela e identidade étnica: estudo da recepção de Suave Veneno entre camponeses descendentes de alemães e italianos. *Revista Comunicação & Informação, 6*(1), 57-72. https://doi.org/10.5216/c&i.v6i1.24187

Bowser, B. P. (2017). Racism: Origin and Theory. Journal of Black Studies, 48(6), 572–590. https://doi.org/10.1177/0021934717702135

Boyle, K. (2005). Introduction. Dimensions of racism. *Proceedings of a Workshop to commemorate the end of the United Nations Third Decade to Combat Racism and Racial Discrimination*. Nova Iorque; Genebra: OHCHR; Unesco. (pp. 1-12).

Bradbury, R. (2005). *Crônicas marcianas*. Globo.

Brandon, S. (2005). *Penas de papel: Um estudo comparativo da imagem indígena no Brasil e nos EUA* [Tese de doutorado, Universidade Estadual de Campinas]. Repositório da Produção Científica e Intelectual da Unicamp. http://repositorio.unicamp.br/Acervo/Detalhe/367308

Breuer, J., & Elson, M. (2017). Frustration-Aggression Theory. *The Wiley Handbook of Violence and Aggression*, 1–12. https://doi.org/10.1002/9781119057574.whbva040

Brewer, M. B. & & Miller, N. (1996). *Intergroup relations*. Open University Press.

Brewer, M. B. (1991). The social self: On being the same and different at the same time. *Personality and Social Psychology Bulletin*, 17(5), 475–482. https://doi.org/10.1177/0146167291175001.

Brewer, M. B. (1999). The psychology of prejudice: Ingroup love or outgroup hate? *Journal of Social Issues*, 55(3), 429–444. https://doi.org/10.1111/0022-4537.00126

Brown, R. (1995). Prejudice: Its social psychology. Blackwell Publishing.

Buendgens, J. F., & Carvalho, D. C. de. (2016). O preconceito e as diferenças na literatura infantil. *Educação & Realidade, 41*(2). https://seer.ufrgs.br/index.php/educacaoerealidade/article/view/50721.

Camino, L. (1995). *Da agressão individual às ações coletivas e políticas: reflexões sobre a construção do Núcleo de Estudos em Comportamento Político*. [Dissertação de Mestrado, Universidade Federal da Paraíba]. Editora Universitária da UFPb.

Camino, L. (2020). Engajamento político e reflexões críticas: Entrevista com Leoncio Francisco Camino. *Psicologia Política, 20* (47), 218-251.

Camino, L., Silva, P. D., Machado, A., & Pereira, C. (2001). A face oculta do racismo no Brasil: uma análise psicossociológica. *Revista de Psicologia Política, 1*(1), 13–36.

Campbell, D. (1988). Preface. *The Robbers Cave Experiment: Intergroup Conflict and Cooperation*. Wesleyan Edition.

Cao, B., & Lin, W.-Y. (2017). Revisiting the contact hypothesis: Effects of different modes of computer-mediated communication on intergroup relationships. *International Journal of Intercultural Relations, 58*, 23–30. https://doi.org/10.1016/j.ijintrel.2017.03.003

Cardoso, I. L. & Guimarães, S. (2018). Vivências e narrativas de trabalhadoras domésticas diaristas. *Revista de Ciências Sociais - Política & Trabalho, 49*, 205-226.

Cardoso, L. (2010). Branquitude acrítica e crítica: a supremacia racial e o branco antirracista. *Revista Latinoamericana de Ciencias Sociales, Niñez y Juventud*, Manizales, 8(1). https://revistaumanizales.cinde.org.co/rlcsnj/index.php/Revista-Latinoamericana/article/view/70

Carneiro, M. L. T. (1994). *O racismo na história do Brasil*. Editora Ática.

Castro, L. R. D. (2021). Políticas de internacionalização no ensino superior: desafios descoloniais para as ciências humanas e sociais. *Revista Psicologia Política*, 21(50), 39–56. https://dialnet.unirioja.es/servlet/articulo?codigo=8039468.

Chakrabarty, D. (2009). *Provincializing Europe: Postcolonial Thought and Historical Difference.* Princeton Univ. Press.

Chipeaux, M., Kulich, C., Iacoviello, V., & Lorenzi-Cioldi, F. (2017). "I want, therefore I am" – anticipated upward mobility reduces ingroup concern. *Frontiers in Psychology, 8,* Article 1451. https://doi.org/10.3389/fpsyg.2017.01451

Coenders, M., Scheepers, P., Sniderman, P. & Verberk, G. (2001). Blatant and subtle prejudice: Dimensions, determinants, and consequences; some comments on Pettigrew and Meertens. *European Journal of Social Psychology. 31.* 10.1002/ejsp.44.abs.

Condor, S. (1988). "Race stereotypes" and racist discourse. *Text - Interdisciplinary Journal for the Study of Discourse, 8*(1-2). https://doi.org/10.1515/text.1.1988.8.1-2.69

Conner, M., & Sparks, P. (2002). Ambivalence and attitudes. *European Review of Social Psychology, 12*(1), 37–70. https://doi.org/10.1080/14792772143000012

Correll, J., Park, B., Judd, C. M., & Wittenbrink, B. (2002). The police officer's dilemma: Using ethnicity to disambiguate potentially threatening individuals. *Journal of Personality and Social Psychology, 83*(6), 1314–1329. https://doi.org/10.1037/0022-3514.83.6.1314

Crochik, J. L. (2015). Formas de violência escolar: preconceito e bullying. *Movimento-Revista de Educação, 3.*

Croucher, S. M. (2016). Further development of integrated threat theory and intergroup contact: A reply to Aberson (2015). *Communication Monographs,* 83(2), 269–275. https://doi.org/10.1080/03637751.2015.1119866

Da Silva, A. T. T. & Bittencourt, C. A. de C. (2019). Os traços fascistas por trás do preconceito, violência e bullying na escola. *Revista Devir Educação, 3* (1), 116-126.

Dahia, S. L. de M. (2008). A mediação do riso na expressão e consolidação do racismo no Brasil. *Sociedade E Estado, 23*(3), 697–720. https://doi.org/10.1590/s0102-69922008000300007

DaMatta, R. (1997). *Carnaval, malandros e heróis.* Rocco.

De Grazia, A. (1950). The Authoritarian Personality. In T. W. Adorno, Else Frenkel-Brunswik, Daniel J. Levinson, R. Nevitt Sanford. *American Political Science Review*, *44*(4), 1005–1006. https://doi.org/10.2307/1951300

Degler, C. N. (1971). *Nem preto nem branco: escravidão e relações raciais no Brasil e no EUA*. Labor.

Deschamps, J. C., & Moliner, P. (2009). *A identidade em psicologia social*. Vozes.

Diekman, A. B., Eagly, A. H., & Johnston, A. M. (2010). Social Structure. *The SAGE Handbook of Prejudice, Stereotyping and Discrimination*, 209–224. https://doi.org/10.4135/9781446200919.n13

Diene, D. (2005). Dimensions of racism. *Proceedings of a Workshop to commemorate the end of the United Nations Third Decade to Combat Racism and Racial Discrimination*. 19-20.

Doise, W. (1976/1984). *A articulação psicossociológica e as relações entre grupos*. Lisboa: Moraes Editores.

Doise, W. (1980). Levels of explanation in theEuropean Journal of Social Psychology. *European Journal of Social Psychology*, *10*(3), 213–231. https://doi.org/10.1002/ejsp.2420100302

Doise, W. (2002). Da psicologia social à psicologia societal. *Psicologia: Teoria e Pesquisa*, *18*(1), 27–35. https://doi.org/10.1590/s0102-37722002000100004

Doise, W., & Valentim, J. P. (2015). Levels of analysis in social psychology. In *International Encyclopedia of the Social & Behavioral Sciences* (pp. 899–903). Elsevier.

Dollard, J. (1938). Hostility and fear in social life. *Social Forces*, *17*(1), 15–26. https://doi.org/10.2307/2571143.

Dollard, J., Doob, L. W., Miller, N. E., Mowrer, O. H., & Sears, R. R. (1939). *Frustration and aggression*. Yale Press.

Domingues, P. (2007). Movimento negro brasileiro : alguns apontamentos históricos. *Tempo*, v.12, 100-122.

Dovidio, J. F. (2001). On the Nature of Contemporary Prejudice: The Third Wave. *Journal of Social Issues*, 57(4), 829–849. https://doi.org/10.1111/0022-4537.00244

Dovidio, J. F., & Gaertner, S. L. (1998). On the nature of contemporary prejudice: the causes, consequences, and challenges of Aversive Racism. In J. L. Eberhardt & S. T. Fiske (Eds.), *Confronting Racism: the problem and the responses* (pp. 3–32). SAGE Publications.

Dovidio, J. F., & Gaertner, S. L. (2000). Aversive racism and selection decisions: 1989 and 1999. *Psychological Science, 11*(4), 315–319. https://doi.org/10.1111/1467-9280.00262.

Dovidio, J. F., Hewstone, M., Glick, P. & Esses, V. M. (2010). Prejudice, stereotyping and discrimination: Theoretical and empirical overview. In J. F. Dovidio, M. Hewstone, P. Glick e V. M. Esses (Eds.). *The SAGE Handbook of Prejudice, Stereotyping and Discrimination* (pp. 3-28). SAGE.

Eagly, A. H., & Mladinic, A. (1989). Gender stereotypes and attitudes toward women and men. *Personality and Social Psychology Bulletin*, 15(4), 543–558. https://doi.org/10.1177/0146167289154008

Ellemers, N., & Bos, A. E. R. (1998). Social identity, relative deprivation, and coping with the threat of position loss: A field study among native shopkeepers in Amsterdam. *Journal of Applied Social Psychology, 28*(21), 1987–2006. https://doi.org/10.1111/j.1559-1816.1998.tb01357.x

Esses, V. M., Haddock, G., & Zanna, M. P. (1993). Values, stereotypes, and emotions as determinants of intergroup attitudes. In D. M. Mackie & D. L. Hamilton (Eds.), *Affect, cognition, and stereotyping: Interactive processes in group perception* (pp. 137–166). Academic Press.

Estadão (23/10/2017). *O avanço do racismo.* http://infograficos.estadao.com.br/esportes/o-avanco-do-racismo/

Fernandes, F. (1966). *O Negro no mundo dos brancos.* Difusão Européia do Livro.

Fernandes, S. C. S. (2009). Sentimentos em relação à política à luz dos valores e do preconceito social. *Opinião Pública*, 15(1), 224–246. https://doi.org/10.1590/s0104-62762009000100009

Fernandes, S., Costa, J. D., Camino, L., & Mendoza, R. (2007). Valores psicossociais e orientação à dominância social: um estudo acerca do preconceito. *Psicologia: Reflexão e Crítica, 20*(3), 490–498. https://doi.org/10.1590/s0102-79722007000300017

Ferreira, L. (2020, August). Decisão de juíza no PR é reflexo de racismo no Judiciário, avaliam juristas. Portal Uol. https://noticias.uol.com.br/cotidiano/ultimas-noticias/2020/08/13/decisao-de-juiza-no-pr-e-reflexo-de-racismo-no-judiciario-avaliam-juristas.htm

Ferreira, R. F. (1999). A construção da identidade do afrodescendente: A psicologia brasileira e a questão racial. In *Brasil: Um País De Negros?* (pp. 71–86). Pallus.

Festinger, L. (1957). A theory of cognitive dissonance. Stanford University Press.

França, D. X. de & Silva, K. C. (2021). *A psicologia social do desenvolvimento nas relações raciais e racismo*. Blucher.

França, D. X., & Monteiro, M. B. (2013). Social norms and the expression of prejudice: The development of aversive racism in childhood. *European Journal of Social Psychology, 43*(4), 263–271. https://doi.org/10.1002/ejsp.1965

França, D. X.; Da Costa Silva, K.; Santos, A. R.; Batista, L. B. (2019). Socialização racial/étnica materna e identidade racial/étnica dos filhos. In A. Faro, m. E. O. Lima, D. X. de França, S. R. F. Enumo e C. R. Pereira (orgs.). *Psicologia social & Psicologia da Saúde*: *Tópicos atuais* (pp. 81-98.). Curitiba: CRV.

Francisco, M. D. S. (2018). Discursos sobre colorismo: educação étnico-racial na contemporaneidade. *Ensaios Filosóficos, 18*, 97–109.

Freire, S. (2020, 23 janeiro)."Cada vez mais o índio é 1 ser humano igual a nós", diz Bolsonaro. *Poder360*. https://www.poder360.com.br/governo/cada-vez-mais-o-indio-e-1-ser-humano-igual-a-nos-diz-bolsonaro/

Freitas, J. B. (2018). Discriminação de cor e preconceito racial: Talcott Parsons e Herbert Blumer a partir das relações raciais dos Estados Unidos. *RBCS Vol. 34*. http://orcid.org/0000-0001-8953-3513 I

Freyre, G. (1983). *Casa-grande e senzala: formação da família brasileira sob o regime de economia patriarcal*. Edição Livros do Brasil. (Trabalho original publicado em 1933)

Folha de São Paulo (2019, 27 novembro). Negro de direita, presidente da Fundação Palmares disse que escravidão foi benéfica. https://www1.folha.uol.com.br/ilustrada/2019/11/presidente-da-fundacao-palmares-nomeado--por-bolsonaro-diz-que-brasil-tem-racismo-nutella.shtml?origin=folha

G1. (2023, 1 março). Vereador do RS que discursou contra baianos é alvo de pedidos de cassação; MPT apura apologia ao trabalho escravo. *G1*. https://g1.globo.com/rs/rio-grande-do-sul/noticia/2023/03/01/vereador--do-rs-que-discursou-contra-baianos-e-alvo-de-pedidos-de-cassacao--mpt-apura-apologia-ao-trabalho-escravo.ghtml

Gaertner, S. L., & Dovidio, J. F. (1986). The aversive form of racism. In *Prejudice, discrimination, and racism: Theory and research* (pp. 61–89). Academic Press.

Gee, G. C., & Ford, C. L. (2011). Structural racism and health inequities. Du Bois Review: Social Science Research on Race, 8(1), 115–132. https://doi.org/10.1017/s1742058x11000130

Geertz, C. (2001). *Nova luz sobre a antropologia*. Jorge Zahar.

Glick, P., & Fiske, S. T. (1996). The Ambivalent Sexism Inventory: Differentiating hostile and benevolent sexism. *Journal of Personality and Social Psychology*, 70(3), 491–512. https://doi.org/10.1037/0022-3514.70.3.491

Guimarães. A. S. (1999). *Racismo e anti-racismo no Brasil*. Editora 34.

Guzzo, R. S. L.et al. (2019). Práticas promotoras de mudanças no cotidiano da escola pública: projeto ECOAR. *Rev. Psicol. IMED* [online], *11*(1) 153-167. http://dx.doi.org/10.18256/2175-5027.2019.v11i1.2967.

Hale, C. R. (2006). *Más que un Indio (More than an Indian): Racial Ambivalence and Neoliberal Multiculturalism in Guatemala*. School of American Research Press.

Hamilton, D. L., & Sherman, S. J. (1996). Perceiving persons and groups. *Psychological Review*, *103*(2), 336–355. https://doi.org/10.1037/0033-295x.103.2.336

Harari, Y. N. (2018). *Sapiens: uma breve história da humanidade*. L&PM.

Harris, M., Consorte, J. G., Lang, J., & Byrne, B. (1993). Who are the Whites?: Imposed Census Categories and the Racial Demography of Brazil. *Social Forces*, *72*(2), 451. https://doi.org/10.2307/2579856

Hasenbalg, C. (1985). Race and socioeconomic inequalities in Brazil. In *Race, Class and Power in Brazil* (pp. 25–41). CAAS Publications University of California Los Angeles.

Hewstone, M., & Brown, R. (1986). Contact is not enough: On intergroup perspective on "contact hypothesis." In *Contact and Conflict in Intergroup Encounters* (pp. 1–44). Basil Blackwell.

Hinkle, S., & Brown, R. J. (1990). Intergroup comparisons and social identity. In D. Abrams, & M. A. Hogg (Eds.), *Social identity theory: Constructive and critical advances* (pp. 48-70). Springer Verlag.

Hjerm, M., Eger, M. A., & Danell, R. (2018). Peer attitudes and the development of prejudice in adolescence. *Socius: Sociological Research for a Dynamic World*, *4*(4). https://doi.org/10.1177/2378023118763187

Hogg, M. A., & Abrams, D. (2001). *Intergroup relations : Essential readings*. Psychology Press.

Holanda, S. B. (1936/1984). *Raízes do Brasil*. Livraria José Olympio Editora.

Hovland, C. I. & Sears, R. R. (1940). Minor studies of agression: VI. Correlation of lynchings with economic índices. *Journal of Psychology*, 9, 301-310.

Hoyt, C., Jr. (2012). The pedagogy of the meaning of racism: reconciling a discordant discourse. Social Work, 57(3), 225–234. https://doi.org/10.1093/sw/sws009

Ianni, O. (1966). *Raças e classes sociais no Brasil*. Rio de Janeiro: Civilização Brasileira.

Inglehart, R., & Norris, P. (2016). Trump, Brexit, and the rise of populism: Economic have-nots and cultural backlash. *Faculty Research Working Paper* No. RWP16-026. http://dx.doi.org/10.2139/ssrn.2818659

Jesuíno, J. C. (1993). Estruturas e processos grupais. In J. Vala & M. B. Monteiro (Orgs.), *Psicologia social* (pp. 293-332). Fundação Calouste Gulbenkian.

Jodelet, D. (1998). A alteridade como produto e processo psicossocial. In *Representando a alteridade* (pp. 47–67). Vozes.

Jost, J. T. (2019). A quarter century of system justification theory: Questions, answers, criticisms, and societal applications. *British Journal of Social Psychology, 58*(2), 263–314. https://doi.org/10.1111/bjso.12297

Jost, J. T., & Banaji, M. R. (1994). The role of stereotyping in system-justification and the production of false consciousness. *British Journal of Social Psychology*, 33, 1–27. https://doi.org/10.1111/ j.2044-8309.1994.tb01008.x

Jost, J. T., Banaji, M. R., & Nosek, B. A. (2004). A decade of system justification theory: Accumulated evidence of conscious and unconscious bolstering of the status quo. *Political Psychology*, 25, 881–919. https://doi.org/10.1111/ j.1467-9221.2004.00402.x

Jost, J. T., Pelham, B. W. & Carvallo, M. (2002). Non-conscious forms of system justification: Implicitand behavioral preferences for higher status groups. *Journal of Experimental Social Psychology*, 38, 586–602. https:// doi.org/10.1016/S0022-1031(02)00505-X

Katz, D. (1960). The functional approach to the study of attitudes. *Public opinion quarterly*, 24(2), 163-204.

Katz, D., & Braly, K. (1933). Racial stereotypes of one hundred college students. *The Journal of Abnormal and Social Psychology*, 28(3), 280–290. https:// doi.org/10.1037/h0074049

Katz, I., & Hass, R. G. (1988). Racial ambivalence and american value conflict: Correlational and priming studies of dual cognitive structures. *Journal of Personality and Social Psychology*, 55(6), 893–905. https://doi. org/10.1037/0022-3514.55.6.893

Katz, I., Wackenhut, J., & Hass, R. G. (1986). Racial ambivalence, value duality, and behavior. In *Prejudice, Discrimination, and Racism* (pp. 35–59). Academic Press.

Kawakami, K., & Dion, K. L. (1995). Social identity and affect as determinants of collective action: Toward an integration of relative deprivation and social identity theories. *Theory & Psychology, 5*(4), 551–577. https://doi. org/10.1177/0959354395054005

Kelman, H.C. (1958/1993). Compliance, identification, and internalisation: three processes of attitude change. *Journal of Conflict Resolution, 2*, 51-60.

Kinder, D. R., & Sears, D. O. (1981). Prejudice and politics: Symbolic racism versus racial threats to the good life. *Journal of Personality and Social Psychology*, 40(3), 414–431. https://doi.org/10.1037/0022-3514.40.3.414

Kopper, M., & Damo, A. S. (2018). A emergência e evanescência da nova classe média brasileira. *Horizontes Antropológicos, 24*(50), 335–376. https://doi.org/10.1590/s0104-71832018000100012

Kovel, J. (1970/2001). White racism: a psychohistory. In E. Cashmore & J. Jennings (Eds.), *Racism: Essential Readings* (pp. 136-140). SAGE.

Lane, S. T. M. (1984). A psicologia social e uma nova concepção do homem para a psicologia. In S. T. M. Lane e W. Codo (Orgs.), *Psicologia social: O homem em movimento* (pp. 101-19). Brasiliense.

Lemaine, G. (1966). Inegalite, comparaison et incomparabilite: esquisse d'une theorie de l'originalite sociale. *Bull. Psychol. 20*, 1-9.

Lever, H. (1976). Frustration and prejudice in South Africa. *The Journal of Social Psychology, 100*(1), 21–33. https://doi.org/10.1080/00224545.1976.9711903

LeVine, R. A., & Campbell, D. T. (1972). *Ethnocentrism: Theories of conflict, ethnic attitudes, and group behavior.* John Wiley & Sons.

Leyens, P. J., & Yzerbyt, V. (2004). *Psicologia social.* Edições 70.

Lima, M. E. O. (2019). O que há de novo no "novo" racismo do Brasil?. *REPECULT - Revista Ensaios e Pesquisas em Educação e Cultura*, 4(7). https://doi.org/10.29327/211303.4.7-10

Lima, M. E. O. (2020). *Psicologia Social do Preconceito e do Racismo.* Blucher. https://doi.org/10.5151/9786555500127

Lima, M. E. O. (2023). Preconceito. In A. R. R Torres et al. (Orgs.), *Psicologia Social: Temas e Teorias* (pp. 405-444). Blucher.

Lima, M. E. O., & Leite, M. de F. (2021). Conteúdo dos Estereótipos e Preconceito Racial: Efeitos da Cordialidade e da Competência. *Psicologia: Teoria e Pesquisa, 37*. https://doi.org/10.1590/0102.3772e37546

Lima, M. E. O., & Vala, J. (2004a). As novas formas de expressão do preconceito. *Estudos de Psicologia (Natal)*, *9* (3), 401-412.

Lima, M. E. O., & Vala, J. (2004b). Sucesso social, branqueamento e racismo. *Psicologia: Teoria e Pesquisa, 20*(1), 11-19.

Lima, M. E. O., Araujo, C., & Poderoso, E. S. (2018). The decision to shoot black suspects in Brazil: The Police Officer's Dilemma. *Race and Social Problems, 10*, 101–112.

Lima, M. E. O., Barbosa, I. H. A., Araujo, E. M. S., & Almeida, J. N. de. (2020). Construção e validação da Escala de Racismo Revitimizador. *Estudos Interdisciplinares em Psicologia, 11*(2), 130. https://doi.org/10.5433/2236-6407.2020v11n2p130

Lima, M. E. O., Neves, P. S. da C., & Silva, P. B. e. (2014). A implantação de cotas na universidade: paternalismo e ameaça à posição dos grupos dominantes. *Revista Brasileira de Educação, 19*(56), 141–163. https://doi.org/10.1590/s1413-24782014000100008

Lima, M. E. O., Pinheiro, C., Pacheco, J. & Lima, C. (2006). Normas sociais e preconceito: O impacto da igualdade e da competição no preconceito automático contra os negros. *Psicologia. Reflexão e Crítica, 19*(2), 309-319.

Lima, Marcus. (2014). Social Psychology: Fundamentals and fundamentalisms. *Temas em Psicologia, 22*. 179-193.

Lovell, P. A. (1994). Race, gender, and development in Brazil. *Latin American Research Review, 29*, 7-35.

Maalouf, A. (1998/1999). *As identidades assassinas*. Difel.

Marcus-Newhall, A., Pedersen, W. C., Carlson, M., & Miller, N. (2000). Displaced aggression is alive and well: A meta-analytic review. *Journal of Personality and Social Psychology, 78*(4), 670–689. https://doi.org/10.1037/0022-3514.78.4.670

Martin, J. L. (2001). The Authoritarian Personality, 50 Years Later: What Questions Are There for Political Psychology? *Political Psychology, 22*(1), 1–26. https://doi.org/10.1111/0162-895x.00223

Martín-Baró, I. (2017). Crítica e libertação na psicologia: Estudos psicossociais. In *Google Books*. Editora Vozes Limitada. https://books.google.com.br/books?hl=pt=-BR&lr=&id=8B3RDgAAQBAJ&oi=fnd&pg=P2T&dq-Mart%C3%ADn-Bar%C3%B3

Martins, S. T. F. (2003). Processo grupal e a questão do poder em Martín-Baró. *Psicologia & Sociedade*, 15(1), 201-217.

McConahay, J. B., & Hough. J. C. (1976). Symbolic racism. Journal of Social Issues, 32, 23-45.

McConahay, J.B. (1986). Modern racism, ambivalence, and the modern racism scale. In J.F. Dovidio & S.L. Gaertner (Eds.), *Prejudice, Discrimination, and Racism* (91-125). Academic Press.

Meertens, R. & Pettigrew, T. (1999). Será o racismo subtil mesmo racismo? In J. Vala (Org.), *Novos racismos: perspectivas comparativas* (pp. 11-29). Celta Editora

Merton, R. K. (1968). *Social theory and social structure*. Simon and Schuster. Free Press.

Miles, R. (1989). Nationality, Citizenship, and Migration to Britain, 1945-1951. *Journal of Law and Society*, 16, 426. https://heinonline.org/HOL/LandingPage?handle=hein.journals/jlsocty16&div=39&id=&page=

Miller, B., & Morris, R. G. (2016). Virtual peer effects in social learning theory. *Crime & Delinquency*, *62*(12), 1543–1569.

Miller, N. E. (1941). The frustration-aggression hypothesis. *Psychological Review*, *48*(4), 337–342. https://doi.org/10.1037/h0055861

Miller, N. E., Sears, R.R., Mowrer, O. H. Doob, L. W. & Dollard, J. (1941). The frustration-aggression hypothesis. *Psychological Review*,*48*, 337-342.

Minayo, M. C. de S. (2006). *Violência e saúde*. Editora Fiocruz.

Modesto, J. G., et al. (2017). Racismo e Políticas Afirmativas: Evidências do Modelo da Discriminação Justificada. *Psicologia: Teoria e Pesquisa, 33*, e3353. Epub March 12.

Moghaddam, F. M., & Taylor, D. M. (1986). What Constitutes an "Appropriate Psychology" for the Developing World? *International Journal of Psychology*, 21(1-4), 253–267. https://doi.org/10.1080/00207598608247589

Moura, C. (1977). *O negro, de bom escravo a mau cidadão?* Conquista.

Moutinho, L. (2001). Razão, "cor" e desejo: uma análise comparativa sobre relacionamentos afetivo-sexuais "inter-raciais" no Brasil e na África do Sul. [Tese de Doutorado, Instituto de Filosofia e Ciências Sociais, Universidade Federal do Rio de Janeiro].

Muir, D. E. (1993). Race: The Mythic Root of Racism. *Sociological Inquiry*, 63(3), 339-350. https://doi.org/10.1111/j.1475-682X.1993.tb00314.x

Munanga, K. (1996). As facetas de um racismo silenciado. In L.M. Schwarcz & R. da S. Queiroz (Orgs.), *Raça e Diversidade* (pp. 213-229). Edusp.

Muniz, J.O., Porto, N.F., & Fuks, M. (2019). Groupness racial e flutuações atitudinais de pardos entre fronteiras simbólicas e sociais. *Revista Brasileira de Ciências Sociais*, 34(101), 1-30, doi:10.1590/3410107/2019

Nabavi, R. T. (2012). *Bandura's social learning theory & social cognitive learning theory*. 1. https://www.researchgate.net/publication/267750204

Nicolini, V. K. (2007). Revista Raça Brasil: negros em movimento 1996-2004. *[Dissertação de Mestrado (não publicada). Pontifícia Universidade de São Paulo]*.

Njaine, K., & Minayo, M. C. de S. (2004). A violência na mídia como tema da área da saúde pública: Revisão da literatura. *Ciência & Saúde Coletiva*, 9(1), 201–211. https://doi.org/10.1590/s1413-81232004000100020

Nogueira, S. G. (2013). Ideology of white racial supremacy: colonization and de-colonization processes. *Psicologia & Sociedade*, 25(n. spe.): 23-32.

Nota, J. M. (2013). Representações da homossexualidade e o preconceito contra homossexuais entre estudantes universitários de um curso de biologia, na cidade de Maputo - Moçambique. *Revista Ibero-Americana de Estudos em Educação*, 8(3), 757-784.

Oliveira, A. J. M. de (2007). Igreja e escravidão africana no Brasil Colonial. *Cadernos de Ciências Humanas – Especiaria*, 10(18), 355-387.

Oliveira, C. M. de (2002). Pluralidade Racial: um novo desafio para a psicologia. *Psicologia, Ciência e Profissão, 22*(4), 34-45.

Operario, D., & Fiske, S.T. (1998). Racism equals power plus prejudice. In J.L. Ebrhardt, & S.T. Fiske (Eds.), *Confronting Racism: The problem and the responses* (pp. 33-53). SAGE.

Over, H., & McCall, C. (2018). Becoming us and them: Social learning and intergroup bias. *Social and Personality Psychology Compass, 12*(4), e12384. https://doi.org/10.1111/spc3.12384

Pereira, C. R., & Souza, L. E. C. de. (2016). Fatores legitimadores da discriminação: Uma revisão teórica. *Psicologia: Teoria E Pesquisa, 32*(2), 1–10. https://doi.org/10.1590/0102-3772e322222

Pereira, C. R., Torres, A. R. R., & Almeida, S. T. (2003). Um estudo do preconceito na perspectiva das representações sociais: Análise da influência de um discurso justificador da discriminação no preconceito racial. *Psicologia Reflexão e Crítica,* vol.16, 95-107.

Pereira, C., Torres, A. R., Falcão, L., & Pereira, A. (2013). O papel de representações sociais sobre a natureza da homossexualidade na oposição ao casamento civil e à adoção por famílias homoafetivas. *Psicologia: Teoria e Pesquisa, 29*,79-89.

Pereira, M. E. & Lima, M. E. O. (2003). Cor da pele e mudança cultural em Portugal e no Brasil: um estudo comparativo. *Psicologia, Educação e Cultura, VII*(2), 261-282.

Perocco, F. (2018). Anti-migrant Islamophobia in Europe. Social roots, mechanisms and actors. *REMHU: Revista Interdisciplinar da Mobilidade Humana*, 26(53), 25–40. https://doi.org/10.1590/1980-85852503880005303

Perry, G. (2018). *The Lost Boys: Inside Muzafer Sherif's Robbers Cave experiment*. Scribe.

Pettigrew, T. F. (1971). *Racially separate or together?* McGraw-Hill.

Pettigrew, T. F. (2016). Pursuit of Three Theories: Authoritarianism, Relative Deprivation, and Intergroup Contact. *Annual Review of Psychology*, *67*(1), 1–21. https://doi.org/10.1146/annurev-psych-122414-033327

Pettigrew, T. F., & Meertens, R. W. (1995). Subtle and blatant prejudice in western Europe. European Journal of Social Psychology, 25(1), 57–75. https://doi.org/10.1002/ejsp.2420250106.

Pettigrew, T. F., & Tropp, L. R. (2006). A meta-analytic test of intergroup contact theory. *Journal of Personality and Social Psychology, 90*(5), 751–783.

Pettigrew, T. F., & Tropp, L. R. (2008). How does intergroup contact reduce prejudice? Meta-analytic tests of three mediators. *European Journal of Social Psychology, 38*, 922–934.

Pettigrew, T. F., & Tropp, L. R. (2011). *When groups meet: The dynamics of intergroup contact*. Philadelphia, PA: Psychology Press.

Pettigrew, T. F., Tropp, L. R., Wagner, U., & Christ, O. (2011). Recent advances in intergroup contact theory. *International Journal of Intercultural Relations, 35*(3), 271–280. https://doi.org/10.1016/j.ijintrel.2011.03.001.

Pierucci, A.F.(1990). Ciladas da diferença. *Tempo social*, 2(2), 7-33.

Pikes, B. D. (2012). Racialized perceptions: a comparative study of symbolic racism in Europe. *Eletronic Thesis of University of Mississippi.*

Pinto, J. R. D. S., & Mignolo, W. D. (2015). A modernidade é de fato universal? Reemergência, desocidentalização e opção decolonial. *Civitas - Revista de Ciências Sociais, 15*(3), 381. https://doi.org/10.15448/1984-7289.2015.3.20580

Piza, E. (2000). Branco no Brasil? Ninguém sabe, ninguém viu. In A. S. A., Guimarães, & L. Huntley (Orgs.), *Tirando a Máscara: Ensaios sobre Racismo no Brasil* (pp. 97-126). Paz e Terra.

Platow, M. J. & Hunter, J. A. (2017). Intergroup relations and conflict: Revisting Sherif's boys' camp studies. In J. R. Simith e S. A. Haslam (Eds.), *Social Psychology Revisiting the Classic Studies*, 2ªed. (pp. 146-163). SAGE Publications.

Poderoso, E. S. , Lima, M. E. O. & Barbosa, I. H. A. (2023). Estereótipos do suspeito para policiais militares: cor da pele e estrato social. In: A. Faro et al. (Orgs.), *Pesquisas em psicologia, saúde e sociedade.* Attar.

Portela, M. (2006). Sobre a crise na psicologia: Uma leitura social da clínica. *[Dissertação de Mestrado (não publicada). Faculdade de Filosofia e Ciências Humanas da Universidade Federal de Minas Gerais].*

Pratt, T. C., Cullen, F. T., Sellers, C. S., Winfree, Thomas. L., Madensen, T. D., Daigle, L. E., Fearn, N. E., & Gau, J. M. (2010). The empirical status of social learning theory: A Meta-Analysis. *Justice Quarterly*, *27*(6), 765–802. https://doi.org/10.1080/07418820903379610

Pratto, F. Sidanius, J., Stallworth, L.M., & Malle, B.F. (1994). Social dominance orientation: a personality variable predicting social and political attitudes. *Journal of Personality and Social Psychology, 67*, 741-763.

Quillian, L. (2006). New Approaches to Understanding Racial Prejudice and Discrimination. *Annual Review of Sociology*, *32*(1), 299–328. https://doi.org/10.1146/annurev.soc.32.061604.123132

Rego, S. (2005). *A formação ética dos médicos: Saindo da adolescência com a vida (dos outros) nas mãos*. Editora Fiocruz.

Ribeiro, D. (1996). Sobre a mestiçagem no Brasil. In *Raça e Diversidade* (pp. 187–211). Edusp.

Ribeiro, D. (2017). *O que é lugar de fala?* Letramento.

Rodrigues, H. (2016). Algumas verdades sobre a mentira. *Polemica, 16*(1). https://doi.org/10.12957/polemica.2016.21335

Rokeach, M. (1948). Generalized mental rigidity as a factor in ethnocentrism. *The Journal of Abnormal and Social Psychology*, *43*(3), 259–278. https://doi.org/10.1037/h0056134

Rokeach, M. (1951). "Narrow-Mindedness" and Personality. *Journal of Personality*, *20*(2), 234–251. https://doi.org/10.1111/j.1467-6494.1951.tb01524.x

Rokeach, M. (1954). The nature and meaning of dogmatism. *Psychological Review, 61*, 194-204.

Rokeach, M. (1960). *The open and closed mind; investigations into the nature of belief systems and personality systems, by Milton Rokeach, in collaboration with Richard Binier [et al.].* Basic Books.

Rueda, J. F. & Navas, M. (1996). Hacia una evaluación de las nuevas formas del prejuicio racial: las actitudes sutiles del racismo Towards an evaluation of new forms of racial prejudice: The subtle att'tudes of racism. *Revista De Psicologia Social.*

Runciman, W.G. (1966). *Relative deprivation and social justice: a study of attitudes to social inequality in twentieth-century.* University of California Press.

Russell, A. M., & Fiske, S. T. (2010). Power and social perception. In A. Guinote & T. K. Vescio (Eds.), *The social psychology of power* (pp. 231–250). The Guilford Press.

Sá, C. P. (2013). On the routes of social psychology in Brazil. *Estudos de Psicologia, 18* (1), 93-98.

Sacco, A. M., De Paula Couto, M. C. P. de P., & Koller, S. H. (2016). Revisão Sistemática de Estudos da Psicologia Brasileira sobre Preconceito Racial. *Temas em Psicologia, 24*, 233-250.

Santos, A. de O. dos, Schucman, L. V., & Martins, H. V. (2012). Breve histórico do pensamento psicológico brasileiro sobre relações étnico-raciais. *Psicologia: Ciência E Profissão, 32*, 166–175. https://doi.org/10.1590/S1414-98932012000500012

Santos, B. de S. (2002). Para uma sociologia das ausências e uma sociologia das emergências. *Revista Crítica de Ciências Sociais*, 63, 237–280. https://doi.org/10.4000/rccs.1285

Santos, W., Gouveia, V., Navas, M., Pimentel, C., & Gusmão, E. (2006). Escala de racismo moderno: adaptação ao contexto brasileiro. *Psicologia em Estudo*, 11(3), 637-645

Schucman, L. V., Nunes, S. S., & Costa, E. S. (2017). A Psicologia da Universidade de São Paulo e as relações raciais: perspectivas emergentes. *Psicologia USP*, 28(1), 144-158. https://doi.org/10.1590/0103-6564a20132413

Schwarcz, L. K. M. (2001). Nova luz sobre a antropologia. *Revista de Antropologia*, *44*(1), 321–324. https://doi.org/10.1590/s0034-77012001000100012

Schwarcz, L. M. (1998). Nem preto nem branco, muito pelo contrário: cor e raça na intimidade. Em F. A. Novais e L. M. Schwarcz (Coords.), *História da Vida Privada no Brasil / Contrastes da intimidade contemporânea* (pp. 173-244), Vol. 4. Companhia das Letras.

Sears, D. O. (1988). Symbolic racism. In P. A. Katz & D. A. Taylor (Eds.), Eliminating racism: Profiles in controversy (pp. 53–84). Plenum Press

Sears, D. O., & Kinder, D. R. (1971). Racial tensions and voting in Los Angeles. In W. Z. Hirsch (Ed.), *Los Angeles: Viability and prospects for metropolitan leadership* (pp. 51- 88). Praeger.

Sherif, M. (1958). Superordinate Goals in the Reduction of Intergroup Conflict. *American Journal of Sociology*, *63*(4), 349–356. http://www.jstor.org/stable/2774135

Sherif, M. (1966). The psychology of social norms. Harper Torchbooks.

Sherif, M. (1967). *Social interaction process and products*. Aldine.

Sherif, M., Harvey, O. J., White, B. J., Hood, W. R., & Sherif, C. W. (1954/1961). *Intergroup conflict and cooperation: the robber's cave experiment*. Univertity of Oklahoma.

Sidanius, J. (1993). The psychology of group conflict and the dynamics of oppression: a social dominance perspective. In S. Iyengar & W. McGuire (Eds.), *Explorations in political psychology* (pp. 183-219). Duke University Press.

Sidanius, J., Cotterill, S., Sheehy-Skeffington, J., Kteily, N., & Carvacho, H. (2018). Social Dominance Theory: Explorations in the Psychology of Oppression. *The Cambridge Handbook of the Psychology of Prejudice*, 149–187. https://doi.org/10.1017/9781316161579.008

Sidanius, J., Pratto, F., van Laar, C., & Levin, S. (2004). Social Dominance Theory: Its Agenda and Method. *Political Psychology*, *25*(6), 845–880. https://doi.org/10.1111/j.1467-9221.2004.00401.x

Silva, J. G. (2007). Entre o bom e o mau selvagem: Ficção e alteridade no cinema brasileiro. *Espaço Ameríndio*, *1*(1), 195–210. https://doi.org/10.22456/1982-6524.2436

Sivanandan, A. (1990). Communities of Resistance: Writings on Black Struggles for Socialism. In *Google Books*. Verso Books. https://books.google.com.br/books?hl=pt-BR&lr=&id=JOG2DwAAQBAJ&oi=fnd&pg=PR9&dq=Sivanandan

Sloan, T. (2000). *Critical Psychology: Voices for Change*. Bloomsbury Publishing.

Smith, H. & Pettigrew, T. (2015). Advances in Relative Deprivation Theory and Research. *Social Justice Research, 28*, 1-6.

Smith, J. R. & Haslam, S. A. (2017). *Social Psychology: Revisiting the Classic Studies* (2ed). SAGE.

Souza, J. (2010). *Os batalhadores brasileiros: nova classe média ou nova classe trabalhadora?* Editora UFMG.

Souza, J. (2021). *Como o racismo criou o Brasil*. Estação Brasil.

Stephan, W. G., & Stephan, C. W. (2000). Na integrated threat theory of prejudice. In S. Oskamp (Ed.), *Reducing prejudice and discrimination* (pp. 23–45). Lawrence Erlbaum Associates Publishers.

Stephan, W. G., & Stephan, C. W. (2005). Intergroup relations program evaluation. In *On the nature of prejudice: Fifty years after Allport* (pp. 431–446). Blackwell Publishing.

Stephan, W. G., & Stephan, C. W. (2017). Intergroup threats. In C. G. Sibley & F. K. Barlow (Eds.), *The Cambridge handbook of the psychology of prejudice* (pp. 131–148). Cambridge University Press. https://doi.org/10.1017/9781316161579.007

Stephan, W. G., Ybarra, O., & Bachman, G. (1999). Prejudice toward immigrants. *Journal of Applied Social Psychology*, 29(11), 2221–2237. https://doi.org/10.1111/j.1559-1816.1999.tb00107.x

Stephan, W. G., Ybarra, O., & Morrison, K. R. (2009). Intergroup threat theory. In T. D. Nelson (Ed.), *Handbook of prejudice, stereotyping, and discrimination* (pp. 43–59). Psychology Press.

Stephan, W. G., Ybarra, O., & Rios, K. (2015). Intergroup threat theory. In T. D. Nelson (Ed.), *Handbook of prejudice, stereotyping, and discrimination* (2nd edition, pp. 255-278). Lawrence Erlbaum Associates.

Stouffer, S. A., Suchman, E. A., Devinney, L. C., Star, S. A., & Williams, R. M., Jr. (1949). *The American soldier: Adjustment during army life. (Studies in social psychology in World War II).* Princeton Univ. Press.

Taguieff, P. A. (1997). *O Racismo.* Instituto Piaget.

Tajfel, H. (1978). Social categorization, social identity and social comparison. Em H. Tajfel (Ed.), *Differentiation between social groups: studies in the social psychology of intergoup relations* (pp. 61-76). Academic Press.

Tajfel, H. (1981). *Human groups and social categories. Studies in social psychology.* Cambridge University Press.

Tajfel, H. (1982). Social psychology of intergroup relations. *Annual Review of Psychology*, 33(1), 1–39. https://doi.org/10.1146/annurev.ps.33.020182.000245

Tajfel, H. (1983). *Grupos humanos e categorias sociais.* Livros Horizonte, 1983.

Tajfel, H. (2001). Social stereotypes and social groups. In *Intergroup relations: Essential readings*. Psychology Press.

Tajfel, H., & Turner, J. C. (1979). Na integrative theory of intergroup conflict. In W. G. Austin, & S. Worchel (Eds.), *The social psychology of intergroup relations* (pp. 33-37). Brooks/Cole.

Tajfel, H., Billig, M. G., Bundy, R. P., & Flament, C. (1971). Social categorization and intergroup behaviour. *European Journal of Social Psychology*, 1(2), 149–178. https://doi.org/10.1002/ejsp.2420010202

Telles, E. (2004). *Race in another America: The significance of skin color in Brazil.* Princeton University Press.

Teo, T. (2022). The praxis of theorizing in psychology: From traditional to critical perspectives. *Psychological Humanities View project Critical psychology View project*. https://doi.org/10.4324/9781003036517-33

Tetlock, P. E. (1994). Political Psychology or Politicized Psychology: Is the Road to Scientific Hell Paved with Good Moral Intentions? *Political Psychology*, *15*(3), 509. https://doi.org/10.2307/3791569

Thyer, B. A., & Myers, L. L. (1998). Social learning theory. *Journal of Human Behavior in the Social Environment*, *1*(1), 33–52. https://doi.org/10.1300/j137v01n01_03

Torres, A. R. R., & de Faria, M. R. G. V. (2008). Creencia en un mundo justo y prejuicios: el caso de los homosexuales con VIH/SIDA. *Interamerican Journal of Psychology*, *42*(3), 570–579.

Torres, A. R. R., Camino, L. & Silva, K. da C. (2023). Grupo Social, Relações Intergrupais e Identidade Social. In A. R. R. Torres et al. (Orgs.), *Psicologia Social: Temas e Teorias* (pp. 335 -354). Blucher.

Turra, C., & Venturi, G. (1995). *Racismo Cordial: a mais completa análise sobre preconceito de cor no Brasil.* Ática.

Vaccarezza, E. S., & Lima, M. E. O. (2019). Cor da pele e representações sociais da beleza e da feiura no Brasil. Em A. Faro, M. E. O. Lima, D. X. de França, S. R. F. Enumo, C. R. Pereira (Orgs.), *Psicologia Social & Psicologia da Saúde: Tópicos Atuais* (pp. 109-124). CRV.

Vacchiano, R. B., Strauss, P. S., & Hochman, L. (1969). The open and closed mind: A review of dogmatism. *Psychological Bulletin*, *71*(4), 261–273. https://doi.org/10.1037/h0027056

Vala, J. & Lima, M.E.O. (2002). Individualismo meritocrático, diferenciação cultural e racismo. *Análise Social*, XXXVII, 181-207. Lisboa.

Vala, J. & Pereira, C. (2012). Racism: An Evolving Virus. Racism and Ethnic Relations in the Portuguese-Speaking World. https://doi.org/10.5871/bacad/9780197265246.003.0004

Vala, J. (2021). Racismo, hoje: Portugal em contexto europeu. Fundação Francisco Manuel dos Santos.

Vala, J., Brito, R., & Lopes, D. (1999). *Expressões dos racismos em Portugal: perspectivas psicossociológicas.* Editora do Instituto de Ciências Sociais da Universidade de Lisboa.

Van Lieshout, C. F. (1975). Young children's reactions to barriers placed by their mothers. *Child Development, 46*(4), 879–886. https://doi.org/10.2307/1128393

Venturi, G. & Paulino, M. F. (1995). *Racismo Cordial: a mais completa análise sobre preconceito de cor no Brasil.* Ática

Vera, G. A. V. (2018). Un acercamiento interseccional al discurso de la tradición en casos de violencia a mujeres Mapuche. *Revista de Estudios Sociales, 64*, 2–14. https://doi.org/10.7440/res64.2018.01

Voigt, L., & Pagani Junior, V. L. (2019). O "racismo de classe": Representações elitistas sobre os pobres e a pobreza no Brasil. *Mediações - Revista de Ciências Sociais, 24*(2), 227. https://doi.org/10.5433/2176-6665.2019v24n2p227

Walker, I & Smith, H. J. (2011). Fifty Years of Relative Deprivation Research. In I. Walker e H. J. Smith (Eds.), *Relative Deprivation: Specification, Development, and Integration* (pp. 1-12). Cambridge University press.

Walker, I. (2001). The changing nature of racism: from old to new? In M. Augoustinos & K.J. Reynolds (Eds.), *Understanding prejudice, racism, and social conflict* (pp. 24-42). SAGE.

Walsh, C. (2009). Interculturalidad, estado, sociedad. Universidad Andina Simón Bolivar, Sede Ecuador: Abya-Yala. http://repositorointerculturalidad.ec/jspui/handle/123456789/37951

Walsh, C. (2019). Interculturalidade e decolonialidade do poder: um pensamento e posicionamento "outro" a partir da diferença colonial. *Revista Eletrônica da Faculdade de Direito de Pelotas*, 5(1).

Webber, C. (2007). Revaluating relative deprivation theory. *Theoretical Criminology,11*(1), 97–120. https://doi.org/10.1177/1362480607072737

Wieviorka, M. (1995). *The arena of racism.* Thousand Oaks, Calif. Sage Publications.

Worchel, S., Morales, J. F., Páez, D., & Deschamps, J.-C. (Eds.). (1998). *Social identity: International perspectives.* Sage Publications, Inc. https://doi.org/10.4135/9781446279205

Yzerbyt, V. Y., Rogier, A., & Fiske, S. T. (1998). Group Entitativity and Social Attribution: On Translating Situational Constraints into Stereotypes. *Personality and Social Psychology Bulletin*, *24*(10), 1089–1103. https://doi.org/10.1177/01461672982410006

Zhou, S., Page-Gould, E., Aron, A., Moyer, A., & Hewstone, M. (2018). The extended contact hypothesis: A meta-analysis on 20 years of research. *Personality and Social Psychology Review*, *23*(2), 132–160. https://doi.org/10.1177/1088868318762647

GRÁFICA PAYM
Tel. [11] 4392-3344
paym@graficapaym.com.br